SOUVENIRS

DES RÉVOLUTIONS

DANS LEURS RAPPORTS

AVEC L'ÉPOQUE ACTUELLE, LES LOIS ET LA MORALE
DES PEUPLES,

*Dédiés à Mgr. le duc de Bordeaux et aux Amis
des libertés publiques;*

PAR M. J^h DE DULÇAT, AVOCAT,

DE PERPIGNAN.

La liberté ne peut avoir de plus funeste
auxiliaire que le crime.

LACRETELLE.

* * *

TOULOUSE,

HENRI-AUGUSTIN SENS, IMPRIMEUR-LIBRAIRE,
RUE DE LA SÉNÉCHAUSSÉE-LAVIGUERIE, N° 2.

1833.

SOUVENIRS

DES RÉVOLUTIONS

DANS LEURS RAPPORTS

AVEC L'ÉPOQUE ACTUELLE, LES LOIS ET LA MORALE
DES PEUPLES.

Quand l'homme a reçu du Ciel une âme ardente et généreuse, quand surtout il a devant lui l'illustration vénérée de ses ancêtres, il est rare qu'il s'écarte jamais des leçons et des exemples reçus ; trouvant alors dans son cœur sa force et sa puissance, il atteint à la plus belle gloire qu'on puisse envier dans ce monde, celle qui s'acquiert par les talens et les vertus : qu'il est différent de ces hommes qui, maîtrisés par l'ambition et la soif des richesses, prêtent l'oreille au vent de la fortune pour s'attacher à son char, n'importe la main qui le dirige, et adoptent tous les moyens comme tous les masques pour parvenir : circonscrits dans leur individu, ils se servent du peuple pour le tromper, après avoir obtenu son appui pour renverser la barrière qui s'opposait à leur ambition : s'abandonnant à la fureur de leurs passions, comptant pour rien le repos des empires, parce qu'il n'est pas leur ouvrage, ils n'aspirent qu'à troubler cet état de sécurité ; rêvant des révolutions, sans s'inquiéter des maux qu'elles traînent à leur suite, ils les excitent sans cesse, de tout leur pouvoir, dans leur patrie comme sur des terres étrangères, et loin de redouter la justice et un pouvoir légitime, ils semblent trouver le bonheur à les braver, parce qu'ils espèrent, par cette rebelle obstination, tirer leur nom de l'obscurité qui les

afflige ; le poëte Alfiëri, à Florence, génie fier et dédai-
gneux, ne parut si ardent ami de la liberté que parce
qu'il ne put régner lui-même.

Ces hommes perfides qui font les révolutions invoquent
toujours les mots de patrie, de liberté, d'humanité ; c'est
à la faveur de leur puissance qu'ils séduisent les peuples
et les conduisent dans les malheurs, dont le dernier terme
est la misère et l'envahissement honteux des trésors de
l'État. « Pendant que sous Auguste la tyrannie se fortifiait,
» on ne parlait que de liberté. » (MONTESQUIEU, *Grandeur des Romains*, page 103.)

Les Girondins qui ont fait la première révolution
s'étaient appuyés du peuple en le flattant ; mais bientôt
parvenus au pouvoir, ils voulurent exclure ce même
peuple en le traitant avec l'arrogance du mépris ; les
montagnards, à leur tour, se servirent des masses pour
se venger des Girondins, que les journées des 31 mai et
2 juin 1793 vouèrent à l'exil et à la mort.

« Les Péliades, a dit Vergniaud, qui égorgèrent leur
» vieux père pour le rajeunir, connaissaient le secret des
» révolutions. » Tel est aujourd'hui au faîte des grandeurs
qui tombera demain dans l'avilissement et le mépris :
le fameux Bailly ; après avoir honoré sa vie par des tra-
vaux utiles aux sciences et à l'humanité, n'a-t-il pas péri
victime de ce même peuple trompé dont il fut l'idole,
regrettant, mais trop tard, ses funestes erreurs ? M. de
Schonen n'a-t-il pas vu succéder à de stériles honneurs
l'amertume des plus humilians outrages ?

Les ambitieux causent tous les malheurs des États,
parce qu'ils ne sont pas ce qu'ils veulent être ; ils soufflent
le feu des discordes civiles dans tous les pays ; le venin de
leurs maximes va même traverser les mers et porter dans
l'Amérique du Sud ses ravages et la mort, comme on vit,
en 93, à Saint-Domingue, les esclaves nager dans le sang
de leurs maîtres au nom de la liberté.

Que veulent donc ces ambitieux ? Le peuple crédule
croirait peut-être que leur but est de détruire les abus
existans (et quel État est sans abus), mais surtout les
distinctions et les priviléges de toute espèce ! — Qu'il se

détrompe; ces hommes odieux veulent d'abord des biens; mais, pour en avoir, il faut des proscriptions. En 1792, il y eut des émigrés et leur fortune fut confisquée; c'est ainsi qu'à Rome, quand la guerre civile éclata entre les partis de Marius et de Sylla, les proscriptions s'établirent; l'inscription du nom d'un citoyen sur des tablettes exposées au public, emportait interdiction de tout asile, la mort et la confiscation des biens; sinistre souvenir qui inspira sans doute la loi des suspects, loi de honte pour le législateur et d'attentat à l'humanité.

Mais du moins, a-t-on dit, quand un parti a triomphé de l'autre, tous les abus doivent disparaître; et nul ne songe à des honneurs et à des distinctions qui ne seraient pas communs à tous? Détrompez-vous encore; ces hommes que nous avons vu mépriser des distinctions de naissance, brûlent d'avoir des titres de noblesse; si une sorte de pudeur ne les retenait, si nous ne savions tous d'où sont sortis ces novateurs intéressés, ils se vanteraient comme Alexandre de descendre d'un dieu, ou du moins d'un Montmorency : ils ont naguère excité au désordre et à l'insurrection, et maintenant qu'ils ont des emplois et des honneurs, ils invoquent les lois qu'ils avaient violées les premiers, et réclament l'ordre pour jouir en paix du fruit de leurs intrigues et de leurs noirs complots.

Les révolutions exaltant les têtes, font naître des systèmes tellement étranges, qu'ils disparaissent totalement dès que la raison se montre; celui, par exemple, des Saint-Simoniens, ne ressemble-t-il point aux prétentions des deux fils de Cornélie, Tiberius et Caius Gracchus, doués d'excellentes qualités, mais égarés par l'ambition couverte d'un faux zèle? Ne voulurent-ils pas remettre en vigueur la loi agraire, appelée *Licinia* (1)? Cette loi pouvait être juste dans le principe, mais revenir, après une longue possession, sur le partage des terres, c'était détruire ce que les hommes respectent le plus, et créer la plus funeste anarchie. La mort de ces deux fils de Cornélie

---

(1) M. de Villeneuve; *Précis de l'Histoire.*

expia leur erreur et leur fatale ambition. L'arrêt de la cour d'assises de la Seine qui a condamné le père Enfantin et ses complices, a bien flétri leur doctrine insensée, mais le jugement du public, ajoutant le mépris à l'arrêt, a soumis cette secte, dont l'audace à rechercher la femme libre, ne s'est arrêtée que devant les portes du sérail, à ce ridicule sans remède, dont on ne se relève jamais en France,

L'erreur des révolutions est encore de vouloir faire oublier l'histoire, Comment faire oublier à la mémoire des hommes et surtout des Français les noms et les bienfaits de saint Louis, de Henri IV, de Louis XVI et de tant d'autres Rois ? Oubliera-t-on les lois qu'ils ont données à la monarchie depuis les sages Capitulaires de Charlemagne, de ce monarque dont le génie était supérieur à celui de son siècle, jusqu'à l'abolition du duel par Louis XIV et à l'adoucissement du sort de nos colonies ?

Oubliera-t-on jamais la bonté de notre malheureuse reine Marie — Antoinette, quand, durant le rigoureux hiver de 1788, ses mains prodiguèrent tous les secours de la charité à la classe indigente de Paris ; quelle touchante ivresse émut son âme sensible, quand elle vit une pyramide de neige environnée de devises et d'allégories, élevée pour elle par la main de la reconnaissance ! Hélas ! à ce dernier hommage d'amour succédèrent les traits de la calomnie, les fers, et l'échafaud. Peut-être, ô regrets ! cette auguste reine les eût-elle évités si sa bonté et son amour n'eussent trop souvent fait fléchir les lois de l'étiquette, sauve-garde nécessaire de la magesté royale : la main coupable qui osa placer le bonnet rouge sur la tête de l'infortuné LOUIS XVI, n'annonça que trop sa déplorable destinée !

Oubliera-t-on jamais la bienfaisance de l'auguste fille de cette reine infortunée, guidée par le Dieu qui veut qu'on pardonne et qu'on oublie ? Non-seulement cette fille du ciel accepta le repentir du régicide Tallien, mais elle soulagea, jusqu'au dernier jour de sa vie, ce malheureux accablé de misère et de remords.

Sous la dernière Restauration, les malheureux ont

toujours été entendus de nos Rois ; car jamais, comme l'attestent MM. les comtes Duhamel et de Puységur, les demandes des secours qu'ils formaient pour les indigens, n'avaient été rejetées. Ils étaient trop fidèles à la mémoire de leur auguste aïeul (Henri IV), qui disait à ces envoyés de Guienne : « Si mon domaine eût été suffisant, » je n'aurais rien voulu prendre dans la bourse de mes » sujets », pour ne pas imiter sa générosité.

Toute la France se lèverait comme un seul homme pour attester les bienfaits des Bourbons. N'a-t-on pas entendu à la tribune cette voix si éloquente du général Foy, sur l'assassinat de l'excellent duc de Berri, qui demandait encore grâce pour son meurtrier : « Un petit-» fils d'Henri IV nous a été enlevé, disait ce grand oracle » de l'opposition, qui lui ressemblait d'inclination et de » cœur ; comme son immortel aïeul il a reçu le coup de » la mort de la main d'un fanatique. Tout un peuple » fidèle prend part à la catastrophe, qu'un sort affreux » vient de faire peser sur la famille de notre monarque. » Versons tous des larmes sur un prince regretté par tous » les Français.... et surtout par les amis de la liberté...... » C'était particulièrement sur le plus jeune fils de notre » Roi que nous comptions pour les jours de danger, » comme lui-même comptait sur nous. » Paroles mémorables qui doivent faire frémir de honte bien des cœurs ingrats ! Dans ce jour de deuil le roi Louis-Philippe conduisait celui de la maison royale. Comme l'a si bien exprimé M. le duc de Noailles le 14 janvier à la chambre des pairs, le ministre de France à Berlin, en 1814, ne fut-il pas chargé par Louis XVIII d'organiser la rentrée en France de plus de 60,000 Français que le triste sort de la guerre avait condamnés aux déserts de la Sibérie, ou à languir dans les prisons de l'Allemagne ?

Il y a vraiment dans l'histoire des peuples, entraînés dans le tumulte des révolutions, des contradictions que rien ne saurait expliquer ; la statue de Napoléon qui détruisit la liberté va se relever de ses ruines sur la place Vendôme, quand celle du brave Charrette, qu'estimait au plus haut point Napoléon lui-même pour son courage et pour la force de sa tête , est arrachée, mutilée à Légé, et le buste du héros indignement traîné dans la boue! dans la boue! quand son nom va à l'immortalité. On a relevé la statue de Napoléon pour empêcher ensuite de jeter quelques fleurs à ses pieds , et quand le peuple trompé a voulu élever la voix pour se plaindre , on a fait intervenir la troupe pour lui imposer silence ; cette troupe avilie naguère pour s'être défendue contre le peuple, est aujourd'hui chargée d'honneurs et de récompenses , pour avoir tiré sur des malheureux entraînés souvent par la faim et la douleur d'avoir été trompés.

Dans le cours des procès qui ont été intentés pour des cris séditieux on a poursuivi les cris de vive Charles X ! et fermé l'oreille aux cris de vive Napoléon ! vive la république! « Et pourquoi , ai-je dit souvent moi-même en
» portant la parole pour des accusés de prétendus cris sédi-
» tieux, pourquoi les cris de vive Henri V le seraient-ils ,
» quand ceux de Napoléon II ne le seraient pas ?..... Si
» les français peuvent sans crime rappeler la gloire et le
» génie de Napoléon, pourquoi devraient-ils oublier la
» gloire, les vertus et les bienfaits des Bourbons? Notre his-
» toire et celle des étrangers même, monumens éternels,
» nous défendent cette ingratitude et cet oubli. Est-ce
» un crime d'ailleurs que de s'écrier vive Charles X ! N'est-ce
» pas un simple vœu pour que ce roi et son auguste famille
» vivent heureux sur la terre de l'exil ; que la vieillesse ,
» l'infortune et l'innocence trouvent sous d'autres climats
» la paix et les consolations que le trône leur refusa. »
Le mot de Henri, a dit à la cour d'assises de Paris , le 18 mars 1832 , M. Nibelle, plaidant pour de Lapelin , principal accusé dans l'affaire d'enrôlement des Suisses, ce mot de Henri a été prononcé, ce cri est un cri d'amour, il peut être jeté en Bretagne comme un regret, comme un souvenir ; il ne sera jamais un cri de conspiration. C'est le propre des révolutions de vouloir même bannir la fidélité et la reconnaissance du cœur de l'homme ; et certes, alors la Restauration fut loin d'être une révolution, car on admirait la fidélité des amis de Bonaparte, le général Bertrand à leur tête, qui, loin d'abandonner Napoléon

malheureux, ont suivi leur bienfaiteur jusqu'à ses derniers momens. Qu'il me soit permis de citer, après M. le duc de Doudeauville, ce trait du général Rapt, qui, à la nouvelle de la mort de Napoléon, se souvenant de ses bienfaits, n'hésita pas de répondre au Roi, qui lui dit avec bonté : « Vous en êtes affligé. — Oui, Sire, il était malheureux! » et nul ne se plaignit d'un regret légitime.

M. le prince de Polignac, loin de trouver à se plaindre de l'allocution d'un général qui à la revue de ses troupes à Foix, s'écria involontairement : vive l'empereur! lui dit avec douceur, en élevant la voix, « ne vous troublez pas, général, le souvenir de ceux qui ont ajouté à la gloire de la France, sera toujours bien accueilli sous le règne d'un Bourbon. » Ces paroles touchantes donnent un bien grand démenti à ceux qui ont calomnié le prince de Polignac, et qui n'ont pas su respecter l'infortune de celui, qui, du fond de sa prison, tout en se défendant encore contre d'injustes préventions, ne fait entendre que des paroles de paix et de concorde.

M. le général Lamarque, lui-même, n'a-t-il pas dit à la chambre des députés, sur la proposition de M. Lepayen qui réclamait les cendres de Napoléon, que lorsque nos institutions seraient perfectionnées, le fils de Napoléon pourrait sans danger venir pleurer sur le tombeau de son père, et le descendant de l'exilé d'Holy-Rood parcourir les forêts où chassait son ayeul : à la séance de cette même chambre, le 22 octobre 1831, M. Clerc-Lassalle n'a-t-il pas exprimé une pensée juste, quand il a dit au milieu des cris tumultueux de ses collègues : « qu'il est dans le cœur de l'homme de regretter l'état » florissant dans lequel on a pu se trouver et de désirer » le retour d'un gouvernement de qui on tenait son existen- » ce. » Voilà de la liberté, de cette liberté, amie de la justice et ennemie de l'oppression, qui désavoue ces hommes du pouvoir, qui, dans tous les malheurs qui nous frappent, désignent les royalistes aux vengeances et aux poignards. M. Thiers lui-même dans son histoire de la révolution française, n'a-t-il pas trouvé si digne d'un Roi, de sortir des retraites de la Bretagne, pour remonter sur le trône de ses pères.

On ne peut donc aujourd'hui faire un crime aux amis des Bourbons de songer avec amertume à de si déplorables malheurs, et d'ouvrir leur âme enchaînée par la reconnaissance à des regrets et à la douleur? Les lois sont impuissantes pour réprimer les pensées et les vœux : si mon âme est atteinte par la tristesse, en présence de douloureux événemens, quelles lois, quelle puissance humaine, pourraient me forcer à changer ma mélancolie en transports d'allégresses et de joie? Si le 21 janvier et le 13 février sont pour moi des jours de deuil, qui me rappellent les plus grands crimes, qui pourra s'en plaindre? Si ma conscience affligée m'appelle, ces jours-là, dans le temple du Dieu qui pardonne, qui viendra m'en chasser, si ce n'est un peuple effréné qui naguère portait une main sacrilége sur les signes révérés de notre sainte religion. Mais on ne viole pas impunément la religion de ses pères, et la colère du ciel, en frappant l'Europe et la France, a changé en triste réalité les mémorables paroles de monseigneur l'archevêque de Paris : « Que le fer conquis par la profanation et que l'adminis- » tration faisait vendre à l'encan, pourrait se trouver » converti en pics et en pelles, pour servir d'instrumen t » aux fossoyeurs. »

Sans religion, nulle institution ne peut fructifier, et l'humanité, première loi des nations, en est bannie ; aussi Bonaparte à son retour d'Egypte fit servir la religion à ses vastes desseins, et elle lui servit de marchepied pour arriver à l'empire ; il savait que l'athéisme et la spoliation des temples du seigneur n'avaient pas porté bonheur à la Constituante ; c'est par elle que saint Léon empêche Attila de ravager Rome. A ce nom de Rome, voyons le grand Constantin faire disparaître les sacrifices sanglans et l'esclavage. Quand Julien voulut établir l'idolatrie, il immola tant de victimes que l'empire fut même dépeuplé d'animaux nécessaires à l'agriculture, tandis que le christianisme, en insinuant la patience à l'esclave, la douceur au maître, en rappelant à tous l'identité de leur origine, et de leur avenir, fit respirer soixante millions d'esclaves, dont les chaînes se brisèrent par un affranchissement

raisonné. Peut-on assez admirer les religieuses de Béva-
gna, dont l'héroïque intrépidité leur a fait préférer la
mort dans les ruines de leur couvent, ébranlé par le
tremblement de terre de Fuliguo, que de rompre la
clôture et de se séparer. La religion s'allie avec la liberté, non avec celle qui, née des révolutions, n'est qu'af-
freuse licence, mais avec celle qui a créé la gloire, qui
alliée au génie, le féconde et lui ouvre des routes nouvelles ; celle qui inspira Corneille, Massillon et Racine,
qui dicta à Bossuet, en présence du grand Condé et des
reines qui venaient l'entendre, ces paroles fermes et
mesurées par lesquelles il foudroyait les grandeurs humaines. Raphaël et le Poussin, en croyant divines les
vierges qui inspiraient leurs pinceaux, ont trouvé l'immortalité : tous les hommes doués de génie et de sentiment ont aimé les religieux et les solitudes, où, sans
rapport avec le monde, la divinité est adorée et les
passions amorties ; le chantre sensible de Laure allait
toujours de sa campagne de Linterno, auprès de Milan,
visiter les moines de la chartreuse de Paregnano et pas-
sait au milieu d'eux tous les instans qu'il ne consacrait
pas à l'étude.

La politique inspira Napoléon, premier consul, quand
il fit élever un monument à la mémoire de Pie VI, mais
la religion inspira Bonchamp, blessé à mort et défendant
aux Vendéens la vengeance sur des prisonniers républi-
cains. La religion contient les mécontens et retient dans
le devoir les sujets du roi d'Espagne et du duc de Modène,
ennemis de l'impiété. La proscription de la religion catholique, sous le règne d'Edouard VI, roi d'Angleterre,
causa les plus grands troubles, l'insoumission des parle-
mens et de la nation elle-même (Bossuet, *Oraison funèbre
de Henriette de France, reine d'Angleterre.*)

La liberté inspira Lainé et ses collègues quand ils firent
entendre, en 1813, à Napoléon, de courageuses représenta-
tions. Amie de la liberté, la religion inspire la fidélite à
l'amitié, au malheur, aux promesses et aux sermens. La
fidélité, les sermens ne sont point de vains mots : car,
par quels liens pourrait-on retenir les hommes dans le

devoir? Est-il rien de plus redoutable que le serment?
« Que Dieu, dit Laban à Jacob, que le Dieu d'Abraham
» et de Nachor, le Dieu de nos pères, voie et juge entre
» nous ; et Jacob jure, de son côté, par le Dieu que son
» père avait invoqué avec un sainte frayeur. » Pour moi,
je ne puis concevoir cette mobilité de l'opinion des hommes, qui sans honte et sans pudeur abandonnent une
bannière, pour se livrer, aux yeux même de leurs concitoyens, au parti qui triomphe et leur offre un vil intérêt
en échange de leur honneur. Je ne puis aimer Waller,
qui, après avoir vendu sa muse aux mânes de Cromwell,
ne rougit pas de célébrer dans ses vers les vertus de
Charles II.

Les parjures, entraînés eux-mêmes par de funestes
exemples, détestent, dans le fond de leur âme, ceux qui
les imitent ; ils portent, dit M. d'Aguesseau, dans cette
vie (*Institution au droit Public*) une partie de la peine
que mérite leur crime, et ils deviennent une preuve
vivante de l'impression que la religion du serment fait
sur tous les cœurs.

L'histoire de France ne nous présente-t-elle pas Bayard
blessé mortellement à Rebec, disant au connétable de
Bourbon, qui le plaignait : « Ce n'est pas moi qui suis
» à plaindre, je meurs en homme de bien ; mais j'ai
» pitié de vous, qui combattez contre votre roi, votre
» patrie et vos sermens. » Nous pensons que le législateur
qui veut assujettir au serment celui qui exerce un droit,
en avilit la sainteté, accoutume les hommes à le regarder
comme une pure formalité ou comme un faible lien,
et pour les hommes d'une conscience timorée, cette
exigence les éloigne de l'accomplissement de leurs devoirs. Il est donc vrai qu'elle consacre ou des pertes pour
la société ou un fatal affaiblissement de la morale publique.

Nous connaissons bien des gens d'honneur et de courage
qui ont prêté serment au nouveau gouvernement, sans
être arrêtés par leur premier serment ; les uns l'ont prêté
pour ne pas perdre l'emploi qui nourrissait leur famille,
les autres pour ne pas déserter des postes où le désir de
faire le bien, et celui d'empêcher le crime, s'est trans-

formé pour eux en devoir impérieux. Leur voix, en effet, a fait retentir de nobles accens, et elle a pu rendre de grands services : si des pairs, qui siégèrent au procès des ministres de Charles X , se fussent abstenus pour ne pas prêter un nouveau serment, la plus grande injustice eût été peut-être consommée.......

Ces raisons sont puissantes, sans doute ; mais la foi violée, la fidélité méconnue, les sermens méprisés, n'offrent-ils pas aux peuples les plus dangereux exemples ? Ne laissent-ils pas les souverains sans défense contre les sujets qui couvriraient leur perfidie de la foi du serment ; et ne donnent-ils pas aux hommes les moyens faciles de tromper en suivant tour-à-tour, au lieu de leurs devoirs, les partis qui leur offrent la fortune en partage ? L'histoire a loué Guiéman qui, pour hâter le retour de Childéric dans ses États, resta à la cour du nouveau roi Egidius et lui conseilla d'accabler les Francs d'impôts pour lui en attirer la haine: Si Guiéman avait suivi son Roi malheureux, n'eût-il pas été plus grand aux yeux de la postérité ?

Le courage puisé dans les engagemens ou dans les vertus excite dans les âmes une noble émulation. Bonaparte ne put se défendre d'admirer Georges Cadoudal mourant avec courage, emportant dans la tombe les secrets qu'on voulait lui arracher, et d'abhorrer le trait infâme de cet ami perfide qui, pour de l'or, vendit et livra Pichegru. Les bons exemples font tout dans les sociétés : la Providence nous aime quand elle les donne au peuple...... Sainte Marine dérobant le secret de son sexe et souffrant tous les tourmens, plutôt que de manquer aux promesses qu'elle avait faites à son père ; Eusèbe prenant le nom de Pomphile, son ami , victime de sa foi, pour éterniser sa mémoire dans son cœur ; saint Maurice et ses nobles compagnons mourant martyrs pour la religion chrétienne, ont dû servir de nobles exemples aux généreux défenseurs de Louis XVI , qui osèrent dire à leurs juges : « Je cherche parmi vous des juges, et je » ne vois que des accusateurs. »

On sait que Louis XVI, malgré sa bonté pour son

peuple, refusa, avec une constance digne d'admiration, de sanctionner le décret de proscription des prêtres. Les obligations de sa conscience ne cédèrent point aux menaces que lui firent des furieux armés qui, le 20 juin, envahirent la demeure royale.

Peut-on jamais oublier ces paroles mémorables que la fille du vertueux Malesherbes, allant au supplice avec lui, adressa à Mlle de Sombreuil dans les adieux les plus touchans : « Vous avez eu la gloire de sauver votre père : » j'ai du moins la consolation de mourir avec le mien. »

Peut-on effacer de sa mémoire, au milieu des horreurs des révolutions, ces traits touchans de courage et de fidélité, que la Providence se plaît à faire naître pour ramener enfin les hommes à des sentimens de religion et d'humanité. Courageux médecin, vertueux Hallé ! quelle gloire pour vous d'avoir prodigué vos secours à ce digne magistrat (M. de Malesherbes) jusqu'à l'échafaud même; loin de vous détourner de cette voie de périls, vous l'avez suivie avec une ardeur nouvelle pour arracher Lavoisier au fer de ses bourreaux. Ce nom de Hallé s'unira pour jamais dans l'histoire à ceux de Naudin, de Harmand, Pelletau, Dumangin, et du célèbre Desault, qu'un tendre intérêt guida dans les soins, qu'au milieu des périls, ils donnèrent à l'enfance et à l'infortune du jeune Dauphin, martyr du Temple.

Auprès des cruautés de tant de fatales journées, se placent toujours des sujets d'une admirable fidélité; le 6 octobre 1789, quand les têtes sanglantes de Deshuttes et de Varicourt sont portées de Versailles à Paris, sous les yeux du Roi et de la Reine, la fidélité venait de porter à l'immortalité le nom de Miomandre de Sainte-Marie, qui avait expiré sous le fer assassin en criant à la Reine: Sauvez-vous!...... Si le 2 septembre 1792 vit égorger tous les évêques et tous les prêtres renfermés dans les prisons, il les entendit prier pour leurs assassins; Charlotte Corday tue Marat pour le bonheur de l'humanité, et meurt sur l'échafaud avec un courage sublime; Henriette de Rabaudy préfère aller au supplice que de s'y soustraire par un innocent mensonge.

Les nobles sentimens élevant les âmes, les rendent seuls capables de grandes actions. Quel exemple touchant et bien rare d'amour fraternel ne donnèrent pas à la France et au monde, en 1803, les frères Polignac (dont l'un porte encore des fers ennoblis par sa noble résignation), demandant, à l'envi, à leurs juges, de mourir l'un pour l'autre : peut-on assez contempler le spectacle de la fille du général Custine, défendant avec le plus noble talent, devant le tribunal révolutionnaire, l'honneur et la vie de son beau-père, et celui-ci expiant sur l'échafaud ses services et les malheurs des armes sur le Rhin, après avoir connu les faveurs trompeuses de la popularité. Et vous, fille des Rois, si digne de l'illustre sang de Marie-Thérèse, princesse aussi généreuse qu'infortunée, pourra-t-on jamais oublier cette voix courageuse et pleine de charmes, qui, en 1815, se fit entendre à Bordeaux, aux troupes rassemblées et attendries sur la cause sacrée de votre illustre époux, de votre auguste famille, qu'abandonnait une défection fatale ; votre éloquence ne fut si touchante, que parce qu'elle était empreinte de cette douce tristesse puisée, non dans la haine que votre grande âme n'a pu connaître, mais dans les plus pénibles angoisses que l'enfance délaissée d'une femme ait pu jamais éprouver. (*La vie d'une femme*, par le baron de Balzac.)

Mme de Beauglié, âgée de trente ans, commandant une compagnie de Vendéens, s'illustra, en 1793, dans le combat de la Roche-sur-Jon ; elle était inspirée par le sentiment de l'honneur et de la fidélité à une juste cause ; le père du général Moreau périssant sur l'échafaud quand son fils remportait des victoires, justifie encore cette horreur des révolutionnaires, dont les sentimens soupçonneux et féroces sont le triste partage.

Le général Duhoux porta sa tête sur l'échafaud, parce qu'il fut malheureux en combattant à Beaulieu contre les Vendéens, et qu'il fut accusé d'intelligence avec son neveu qui lui était opposé dans ce combat. Il a suffi à la révolution de 1830 de soupçonner des noms connus, pour les arrêter et les assujettir aux rigueurs des cachots, sans égard au sexe et à l'invraisemblance de l'accusation : et cependant cette révolution même a prouvé, par le procès des ministres de Charles X, que les devoirs de la conscience sont sacrés pour certains hommes : ces ministres, au milieu de tous les périls, n'ont cessé de se faire admirer par leur véracité, leur courage et leur dévouement à leur roi malheureux. Gloire éternelle à leur noms, hommage à leur noble caractère et à leurs éloquens défenseurs qui ont donné à cette cause célèbre l'intérêt du malheur et de la fidélité. Si ce procès est heureux pour l'histoire, de quels traits ne marquera-t-elle pas cet autre procès dégoûtant, pour une succession obtenue par le crime adultère, sur un vieillard, un prince, un Condé; succession de sang et de boue que sans honte on n'a pu accepter. — (Procès *de Mayeux*) : Et nous voudrions encore des révolutions et des révolutionnaires? Ils ne connaissent pas plus le droit des gens que les lois de l'humanité : comme tous les droits furent violés par le Directoire envers les naufragés de Calais, de même ils l'ont été dans la prise du Charles-Albert ; quel sort, s'il faut en croire les journaux du juste-milieu, était réservé à la bienfaisante duchesse de Berri ! On l'aurait traînée peut-être, de prison en prison, comme le régiment Choiseul-hussards composé d'émigrés, et protégé par le pavillon danois, que la tempête porta sur la côte de France le 23 brumaire an IV ; mais lors-même que cette princesse conserverait le désir et l'espérance de reconquérir pour son fils, le trône de saint Louis, qui lui a été ravi, serait-elle coupable? J'en appelle à toutes les mères, comme dans une autre position, les invoqua l'infortunée Marie-Antoinette, à l'appui de sa vertu, en foudroyant d'un regard ses accusateurs. Que sert donc la civilisation de la France, si sa conduite et son langage la rapprochent de ces forbans qui ne tiennent aucun compte des événemens de force majeure, pour respecter ceux qu'ils ont remis en leur pouvoir. Ce qui console toutefois c'est d'entendre ces voix courageuses qui plaident si éloquemment pour des infortunes si peu méritées : ces voix rappellent les rapports pleins de sagesse et d'humanité de Jourdan aux cinq cens, et de Portalis père aux anciens, qui concluaient au rembarquement des émigrés naufragés pour être rendus en pays neutre. Je l'avouerai, si Madame la duchesse de Berri m'avait demandé un asile, je l'aurais accueillie au péril de ma vie, comme les habitans de Calais recueillirent tous les émigrés Français. Dans le parti qui se dit vainqueur, l'humanité est la loi souveraine; car accabler le parti le plus faible, c'est assumer sur sa tête des torts infiniment supérieurs à la victoire.

Henri IV est plus grand par sa bienfaisance envers le peuple de Paris dévoré par la faim, que lorsqu'il triomphe de ses ennemis : à la reprise de Toulon sur les anglais le 21 décembre 1793, Napoléon profita de son ascendant pour sauver de malheureux émigrés (notamment la famille Chabrillan) que la tempête avait jetés sur la plage ; ce trait vaut des victoires ; mais la politique n'excusera jamais son crime envers le duc d'Enghien, quand pour l'atteindre et le frapper, Bonaparte enfreignit toutes les lois par la violation d'un territoire étranger, et en privant ce prince aussi intrépide que malheureux, d'un conseil pour se défendre et des secours de la religion, consolation que la Convention même accorda au plus hautes infortunes royales. Après la bataille de Maupertuis le prince de Galles, vainqueur généreux et modeste, ne reçut-il pas le roi Jean II avec les plus grands honneurs, le servant à table et le consolant de sa défaite par des éloges pleins de franchise et de sentiment ? et les positions n'étaient pas les mêmes.

N'allons pas si loin; quand Mme Hortence, veuve de Murat et son fils malade, ont traversé Paris, en 1831, n'ont-ils pas trouvé un asile assuré dans cette capitale dont une loi en vigueur avait exilé la famille entière; un séjour de quelques jours leur est accordé par les ministres eux-mêmes, dont la veuve de Murat invoqua directement l'humanité.

L'humanité s'honore trop d'une réponse faite à des ennemis naufragés, par un gouverneur espagnol, pour qu'il ne soit pas inutile de le rappeler. En 1746, le capitaine Edwards, commandant le vaisseau anglais l'*Elisabeth*, ayant beaucoup souffert d'une tempête sur les côtes de

Cuba, et se trouvant sur le point de faire naufrage, se réfugia dans le port de l'Ile, se présenta au gouverneur de la Havane et lui dit : « Je viens vous livrer mon » navire, mes soldats, mes matelots et moi-même. Je ne » demande que la vie pour mon équipage. »

Je ne commettrai point, répondit le commandant, une action déshonorante. «Si nous vous eussions pris dans le » combat, en pleine mer ou sur nos côtes, votre vaisseau » serait à nous, vous seriez nos prisonniers ; mais battus » par la tempête et poussés dans ce port par la crainte » du naufrage, j'oublie et je dois oublier que ma nation » est en guerre avec la vôtre : vous êtes des hommes et » nous le sommes aussi ; vous êtes malheureux, nous » vous devons de la pitié...... et dans ce moment je ne » vois dans les anglais que des étrangers pour qui l'hu-» manité réclame des secours. » Voilà le langage de l'humanité et de la raison ; loin de l'écouter, on a retenu le duc d'Almanza et ses compagnons, jusqu'à des femmes qui pouvaient avoir quelque traits de ressemblance avec Mme la duchesse de Berri ; de simples soupçons de complicité avec les passagers du Charles-Albert, ont fait arrêter à Marseille le colonel Lachau, M. de Kergorlay et d'autres individus, qui n'ont d'autre crime (si ce n'est pas une vertu) que d'être restés fidèles à une famille auguste et proscrite, comme s'il était au pouvoir des hommes de changer les cœurs et de leur commander d'aimer ou de haïr.

Les délits politiques, dans aucun pays du monde, ne sont regardés comme les crimes ordinaires, et la rigueur irrite les hommes honnêtes de tous les partis : si un sentiment de pitié soustrait les prévenus de pareils délits au glaive de la loi, tout se tait ; et ce silence est compris de tous les gens de bien : quand, le 20 décembre 1815, M. de Lavalette échappa à l'échafaud à la faveur du déguisement qu'avait favorisé son épouse, le roi et ses ministres n'en demandèrent point l'extradition ; les trois anglais qui l'avaient sauvé, furent aussi l'objet de la générosité française ; et aujourd'hui Mlle Quérée qui, à la faveur du même stratagème, a sauvé le commandant Guillemot,

languit à Fontevrault, dans cette abaye illustre qui ne reten-
tissait autrefois que des louanges du Dieu qui récompense
d'aussi glorieux dévoucmens. Un gouvernement peut-il
s'oublier au point de violer, à la face du monde, les droits
les plus sacrés ? Quand il s'écarte des principes de raison et
d'humanité, sa perte est assurée ; « Ma main, disait M. Por-
» talis alors ministre, à la chambre des députés, le 9 juillet
» 1829, ma main se serait plutôt desséchée, que de pré-
» senter au roi un rapport tendant à consacrer une extra-
» dition pour crime politique *(affaire Galotti).* » Et dans
quel pays sommes-nous donc, pour y voir mépriser le droit
d'asile, sacré chez les peuples les moins civilisés ; les éner-
giques protestations de M. le vicomte de St-Priest, duc
d'Almazan, contre l'arbitraire qui l'a conduit à Ajaccio et
l'a transporté du Charles-Albert à bord du bâtiment le
Nageur ; les arrestations injustes qui font gémir tant de
familles dans la Vendée et dans les autres provinces de la
France, en aigrissant les âmes, leur donnent la conviction qu'un gouvernement ne peut, sans crime et sans
tomber, s'affranchir des voies justes et légitimes. Le temps
de la terreur nous présenta des clubs, des associations
nationales ; il ne devait en sortir que le bonheur du peuple
et on ne lui offrit que des cachots et partout l'image de
la mort. Sommes-nous donc, hélas ! au temps de Tibère
où des paroles, des signes et des pensées même tombaient
dans le cas de la loi de Majesté ; « La dissimulation et la
» tristesse du prince, dit Montesquieu, se communiquant
» partout, l'amitié fut regardée comme un écueil, l'ingé-
» nuité comme une imprudence, la vertu comme affection
» qui pouvait rappeler dans l'esprit des peuples le bon-
» heur des temps précédens. » (*Grandeur et décadence
des Romains, page* 108.) Du temps même de Robespierre,
avait-on vu autant de visites domiciliaires que dans le
temps où nous sommes ? Une dénonciation, une opinion
trahie ou franchement dévoilée suffisent pour nous soumettre à une perquisition de papiers et de lettres confi-
dentielles ; des secrets intimes sont livrés par la violence
à des hommes inconnus, à des agens du pouvoir qui
peuvent les publier et compromettre la fortune et l'hon-

neur des hommes: était-ce la peine de se tant récrier,
sous la Restauration, contre la violation du secret des
lettres qu'avait commise une fois un employé des postes?
Un secret dépend-il de celui qui en est le dépositaire?
Lui appartient-il? Enchaîné au silence, aucune puissance
au monde peut-elle l'en affranchir? Et ce que je ne puis
faire en honneur et conscience, des yeux indiscrets, des
mains infidèles viendront surprendre des secrets qui doivent rester inconnus au monde, et cette surprise, le sait-on
bien, peut causer à la faiblesse, à la vertu, ou au crime
lui-même repentant et prêt à réparer ses torts, les angoisses les plus cruelles, l'affliction la plus profonde et
des larmes éternelles; un secret dévoilé peut enfin porter
la mort dans le sein des familles, et créer d'irréparables
malheurs : Izabelle de Gonzague eût préféré mourir que
de voir révéler les secrets de la couche nuptiale.

Que dans les premiers momens d'une révolution, il y
ait des gens qui s'étourdissent et semblent ne plus croire
aux enseignemens de l'histoire, on le conçoit, quoique avec
douleur ; ces gens-là oubliant la sagesse et ses sérieuses
leçons se livrent à une imagination déréglée qui revêt
toutes les formes et parle tous les langages pour séduire;
mais on ne trompe pas long - temps la conscience des
peuples et de soi-même : en 1689, en Angleterre, sous
le règne de Guillaume III, le général Ludlow, l'un des
juges de Charles Ier, offrit vainement ses services pour
la réduction de l'Irlande, les whigs et les torys bien
divisés alors se réunirent tous pour repousser un pareil
scandale ; et non-seulement les communes le rejetèrent,
mais Ludlow fut arrêté et dirigé vers la Suisse, où il est
mort après un exil de 30 ans.

Le régicide est toujours régicide, et ceux qui l'ont
commis, quels qu'ils soient, riches ou misérables, puissans ou proscrits, portent partout, a dit Guizot, le
poids de leur condition déplorable : partout leur action
marche devant eux, et les nomme dans les palais des
rois, où par une bienveillance inouie, nous les avons vus
en crédit, comme dans l'exil où ils vivent délaissés.

Les changemens politiques, ceux de la personne du roi

sur un trône, ne peuvent porter l'atteinte la plus légère au caractère des actions des hommes : la main du meurtrier et du régicide ne peut jamais se laver : c'est l'encre changée en sang, a dit M. de Châteaubriand, sur la figure de Cromwel et sur celle de son co-régicide Martyn.

Aussi les partisans de Guillaume III ne s'offensèrent-ils point de l'assistance empressée du peuple et des chambres, à la cérémonie expiatoire du meurtre de Charles Ier.

En vain les lois exileraient-elles la famille légitime de nos rois, en vain des législateurs voudraient anéantir tous les souvenirs qui nous attachent à cette noble race ; peuvent-ils savoir ce que Dieu lui réserve et si sa main puissante qui l'a précipitée du trône, ne l'y replacera pas un jour? Qui peut sonder ses impénétrables décrets ? Sous Louis XIV les frondeurs eux-mêmes ne vinrent-ils pas à genoux, trois mois après le massacre de l'Hôtel-de-Ville, supplier le monarque exilé de rentrer dans Paris, pour y réparer tous les maux de l'absence! Quand la révolte qui éclata dans cette cité, pendant la captivité du roi Jean se fut appaisée, les Parisiens accueillirent avec des feux de joie, Charles V alors Dauphin.

La loi qui a prononcé le bannissement de l'auguste famille des Bourbons, est-elle assez puissante pour l'empêcher de rentrer un jour, si la Providence le permet, dans cette France si heureuse sous leur règne et que quelques ambitieux, sans talens, uniquement dévorés par la soif de l'or et des honneurs, ont précipitée dans tous les malheurs qu'elle éprouve, qui semblent aggravés encore par la colère divine que peut seule appaiser le retour de nos rois et les prières ferventes, qu'un clergé poursuivi et des âmes pieuses, adressent au ciel, au milieu de la contagion que leurs secours tempèrent au péril de leur vie. Et certes l'acte additionnel de l'empire empêcha-t-il la chute de Napoléon et le retour de Louis XVIII?

Dioclétien aussi avait ordonné, par une étrange illusion, l'érection d'un monument en mémoire du christianisme détruit, et quelques années après, la foi chrétienne fut proclamée à Rome par les empereurs eux-mêmes.

Qu'on ne l'oublie jamais, la légitimité plaît aux peuples, parce qu'elle est la garantie de l'ordre, prévient les révolutions, en éteignant les espérances des factieux, et par cette raison de M. de Châteaubriand, qu'un roi qui n'est point à sa place, n'a pas l'appui du temps; son trône manque de fondement et de solidité. En 1400, l'empire Russe, toujours envahi auparavant par les Mogols, s'affermit par l'indivisibilité de l'hérédité souveraine; Ivan II, petit-fils d'Ivan Ier, s'affranchit du tribut des Mogols, et poussant sa dénomination jusqu'à la mer Blanche, il consolida l'Empire par le principe de la primogéniture; à la mort du dernier roi de Saxe, en 1763, l'impératrice Catherine de Russie imposa aux Polonais un seigneur Russe, c'était Poniatowski, et cette absence d'ordre de succession au trône, causa de grands troubles qui amenèrent en 1772 un premier partage entre la Russie, la Prusse et l'Autriche. En 1688, le parlement d'Angleterre enfreignit cet ordre de succession, premier besoin des peuples, et en donnant le plus périlleux exemple, il lui en coûta trois guerres civiles dont le poids a écrasé surtout l'Ecosse et l'Irlande. Si l'ordre de succession eût été irrévocablement fixé, Clotaire n'eût pas égorgé peut-être les enfans de Clodomir son frère, malgré les larmes de l'innocence, et la tour de Westmenster n'eût pas été témoin du lâche asssssinat des jeunes princes, Henri, duc d'Yorck et d'Edouard V, par la main de deux scélérats gagés par le duc de Glocester, oncle de ces deux infortunés. La violation des lois fondamentales a causé de grands malheurs aux nations; elle peut jeter le trouble dans la péninsule espagnole et les prévisions du Roi Ferdinand, peuvent être trompées comme le furent celles de LOUIS XIV son aïeul; cette violation des lois de la monarchie a armé deux frèrss se disputant le trône de Bragance; mais l'épée du maréchal de Bourmont, après avoir trouvé la gloire à Alger, pourrait bien, en servant la cause de don Miguel, concourir à un triomphe plus grand en faveur des peuples et des Rois par le retour des vrais principes de justice, d'ordre et de légitimité.

On sait quel fut le sort de l'immense empire d'Alexandre et ce que firent de César, Marcellus et Casca, après avoir reçu en partage le Pont et la Syrie.

Quand Hugues-Capet fit couronner à Orléans son fils aîné Robert, il évita la faute qui avait causé la ruine des deux premières races.

Tant que les derniers Stuart ont vécu à Rome, une inquiétude grave a régné au sein de l'Angleterre : que de temps en effet il lui a fallu pour affermir un pouvoir usurpateur! Loin de s'effrayer de la loi de proscription rendue contre les Stuart, la tête des jacobites, a dit éloquemment M. de Fitz-James, n'en fut que plus animée, et plus le sang coulait sur les échafauds et plus la cause du prétendant devenait chère et sacrée : rien n'attache comme le malheur : l'intérêt touchant qu'il inspire résiste à tout, aux visites domiciliaires, aux cachots, au secret et à tout l'arbitraire de la tyrannie? A-t-on empêché, par des vexations et des procès, des cœurs fidèles aux Bourbons, de manifester leur vœux et leur espoir? et les magistrats n'ont-ils pas justifié par leurs décisions cette maxime salutaire, que s'il était possible d'empêcher les cœurs d'embrasser des espérances et de rappeler des temps de bonheur, l'homme aurait alors usurpé la puissance divine : c'est à Dieu seul, a dit M. Cochin, qu'il est réservé de sonder le fond des cœurs, de condamner des volontés injustes, des desseins contraires au règne de sa souveraine équité. En 1716, Bolingbroke, alors ministre, travaillait ouvertement à la restauration des Stuart avec la reine Anne ; selon Rapin-Thoires les prêtres refusèrent de chanter le *Good save the King*, et les torys entretenaient des relations avec le roi Jacques. Sous Philippe V, le cardinal Albéroni tenta de rétablir les Stuart sur le trône.

Il est si vrai que l'homme ne peut résister au besoin de s'attacher à l'infortune, que dans tous les temps il a embrassé sa cause au péril de sa vie. Quand les lois frappaient de mort ceux qui donnaient asile aux émigrés proscrits, ces lois même excitaient par leur rigueur, de toute part, le dévouement et la générosité.

La violence, a dit Bossuet, réclame toujours contre elle-même ; en vain les religieux de Jérusalem sont-ils accablés de toutes les rigueurs ; ces rigueurs mêmes augmentent leur amour et leur zèle dans la garde du tombeau de Jésus-Christ ? Quand la Convention et le Directoire, ajoutant aux injustes rigueurs de l'assemblée législative, ordonnèrent la déportation des prêtres à la Guyane, qu'il ni eût ni culte public, ni ministres des autels qui étaient exilés ou dans les cachots, que les monumens des arts et de la religion se changèrent en ruines, spectacle douloureux que nous voyons encore se renouveller, ce fut alors que les Vendéens firent éclater avec le plus d'ardeur leur amour pour la religion et pour le trône, et que le sang coula dans l'Ouest.

Ces assemblées n'ont donc connu ni l'histoire ni le cœur humain. Saint Augustin et Fénélon n'ont poursuivi l'erreur qu'avec les armes de la vérité ; le premier déclara à Théodose (1) qu'il n'entrerait en lice avec les donatistes qu'après avoir vu sortir des murs de Carthage tous les soldats d'Honorius, et Fénélon n'ouvre ses missions en Saintonges, qu'après avoir fait éloigner de cette province toutes les cohortes de Louis-le-Grand. De nos jours, et à la cession de 1831, M. Arago lui-même député dit, avec raison, à l'occasion des dévastations de l'église de Saint-Germain-l'Auxerrois, que si la religion mahométane avait des mosquées à Paris, il faudrait les entourer de respect et de protection.

La tolérance en éclairant les esprits ramène les cœurs ; l'intolérance et la persécution préparent les révoltes et les révolutions.

Qu'ont servi à la cause de Louis-Philippe ces visites nombreuses, ces inquisitions brutales, ces arrestations arbitraires dont tant d'honnêtes gens, même des femmes, ont été les victimes, (*Mlle de Faveau et Mme de Larochejacquelin, mises en prévention par la chambre des mises en accusation de Poitiers*,) et surtout ces procès impru-

____

(1) Panégyrique de saint Augustin par le cardinal Maury.

dens où la liberté de la défense a été poussée au dernier point, où les accusés eux-mêmes ont soutenu que le gouvernement était sans dignité à l'extérieur comme à l'intérieur, que tout dépérissait dans ses débiles mains, que les emplois n'étaient donnés qu'à l'intrigue ou à l'incapacité ; que la république, sans avoir besoin de conspirations qui n'existent que dans la tête des ministres, s'élèverait sur le trône de Louis-Philippe que le gérant du Figaro a traité d'usurpateur fainéant, en le comparant à Napoléon qui savait du moins compenser par la gloire et les lauriers la nouveauté de son élévation.

On a miné le trône de Charles X par la liberté illimitée de la presse, et maintenant qu'un nouveau trône s'est élevé on voudrait un lâche silence, ou punir le moindre écart par les plus grandes rigueurs. Mais ces rigueurs excitent en nous, cette indignation de Tacite, au souvenir de ce temps où il avait vu Arulenus et Sénécion payer de leur tête l'éloge de Trajan et d'Elvidius, où les mains d'un vil exécuteur brûlèrent ces monumens immortels du génie. Nous pouvons dire comme Tacite à tous ces vils mendians de tous les pouvoirs, « vous vous flattiez d'étouf- » fer, par vos rigueurs, la voix du peuple et la pensée de » l'homme, mais ce peuple que vous avez trompé, qui » vous a servi de piédestal et que, parvenus ensuite, vous » avez odieusement rejeté, vous a retiré pour jamais son » appui, et son cœur ne soupire qu'après des temps » meilleurs : » en vain avez-vous voulu rejeter le denier de la veuve ; il n'est point en votre pouvoir d'arracher des cœurs les sentimens d'intérêt que cet acte de générosité, au milieu de l'infortune, a excité parmi nous.

Les hommes du pouvoir, en refusant les secours de la charité, offerts par l'excellente duchesse de Berri et par la main fidèle de M. de Châteaubriand, aux malheureux atteints de la contagion, loin d'éloigner les cœurs, les a invinciblement conservés à cette princesse ; française par les plus tendres affections, et par le sang d'un époux répandu par le crime, a-t-elle perdu le droit sacré de secourir des français ? Les dons de l'infortune n'ont-ils pas un prix inestimable pour l'infortune soulagée ? Les bienfaits d'ail-

leurs connaissent-ils les partis et les passions des hommes ?
Monseigneur l'archevêque de Paris, et à son exemple,
tout le clergé de France, a offert à tous les malheureux,
comme à leurs frères, sans distinction de personnes, tous
les secours de la charité ; imitant ainsi la pitié de l'illustre
Jean Henneyer, s'opposant au massacre des huguenots,
« non, non, disait-il au lieutenant de Roi, vous ne
» l'exécuterez pas ; ceux que vous voulez égorger sont
» mes brebis. » Acte d'humanité qui ramena ces brebis
égarées. — Pour discréditer les bienfaits, faut-il prêter
au bienfaiteur d'autres motifs que ceux de la bienfaisance ?
Des maires peuvent-ils refuser ce qu'une princesse proscrite envoie à des hommes souffrans, qui peuvent seuls
rejeter ce qui n'est destiné qu'à eux, qui ont le droit de
se plaindre d'un refus qui accroît leur misère. Avant
d'affliger, avec ces malheureux, une auguste princesse,
rendez-lui donc les cendres de son époux, effacez le sang
qui couvre encore son tombeau ; effacez si vous le pouvez
les droits imprescriptibles de son fils ; effacez l'histoire de
ses aïeux et de leurs bienfaits ! Mais ne vous rappellerait-
elle pas que les secours d'Henri IV furent acceptés avec
reconnaissance par le peuple de Paris en proie aux horreurs de la famine ?

Cette famille, il est vrai, semble être dévouée à la
calomnie qui ne respecte rien, pas même le malheur et
des faits qui ne peuvent pas changer : n'a-t-on pas osé
prétendre en effet contre la notoriété publique, qu'en
1815 la Restauration nous fut imposée par la conquête,
tandis que les rois étrangers qui ne songèrent aux Bourbons ni au congrès de Prague, ni au congrès de Cha-
tillon, ni même à Paris, cédèrent aux vœux d'un peuple
ivre alors de renouer la chaîne de l'ancienne dynastie.

Les royalistes, aujourd'hui, partagent les mêmes préventions que l'auguste famille, objet de leurs affections et de
leur reconnaissance. On ne veut point connaître la main
divine dans les fléaux qui nous désolent, pour les imputer
sans exception à des royalistes qui espèrent le bonheur
du temps, et de cette Providence, qui retarde ou accé-
lère à son gré le terme de nos souffrances, pour nous

ramener à l'ordre, à l'union et au règne de la justice. Que les royalistes se rappellent le 18 fructidor : une tentative inopportune pourrait encore rallier les hommes qui se font aujourd'hui la guerre pour des places et des distinctions, comme elle remit le pouvoir dans les mains des Jacobins et faillit recommencer les jours de la Convention.

La bonté du ciel finit toujours par se montrer pour faire cesser nos calamités. Après une dévorante anarchie, Napoléon relève les temples et la religion oubliée ; des proscrits revoient leur patrie ; le bonheur semble attaché pour toujours à sa gloire ; mais cet homme s'oublie, il contriste une épouse en brisant les liens qui l'attachaient à elle, pour former avec le sang illustre de Marie-Thérèse, une union qui remplit son cœur d'orgueil ; ravit des couronnes pour les donner à sa famille ; porte le fer dans le sein de l'Espagne et de la Russie ; il abreuve enfin d'outrages le souverain pontife qui protesta avec courage contre le concordat de Fontainebleau que la violence et la captivité lui avaient arraché. Dieu qui n'avait point effacé l'assassinat du duc d'Enghien, fait enfin crouler, dans un moment, cet homme si puissant : Dieu seul préside aux destinées des peuples: il confond la prudence humaine qui cherche souvent en vain des effets identiques dans les mêmes événemens ; CHARLES X succombe en défendant son trône légitime, et LOUIS-PHILIPPE, en répandant le sang de ce même peuple, qui l'a élevé, combat des ennemis qu'une défaite éphémère peut rendre plus puissans : quand les communes d'Angleterre demandèrent à Georges IV le renvoi de ses ministres, ce roi les garda et maintint son pouvoir en prononçant la dissolution de la chambre, tandis que le malheureux LOUIS XVI se perdit en cédant à l'assemblée qui lui demanda le renvoi des dépositaires de son pouvoir.

Toutefois dans les révolutions, au milieu des injustices et du choc des partis, malgré les exigences du pouvoir ou des masses, domine toujours pour l'observateur, cette pensée, que les mœurs des peuples conservent leur puissance sur des points importans. L'abbé Monteills renouvelle en vain ses prétentions à s'affranchir des lois du sacerdoce, pour se marier contre le gré de ses parens ; la Cour suprême repousse ce scandale comme la chambre des pairs rejette celui du divorce, et un projet de loi qui abolissait la loi de 1816, rendue en horreur du régicide et pour l'expiation d'un épouvantable forfait.

La Providence fait naître le repentir dans le cœur de M. Casimir-Périer, appelant avec ferveur un prêtre pour recevoir à ces derniers momens ses regrets et ses fautes, après avoir souffert la dévastation des temples. Ce ministre n'avait voulu accorder que la stricte-justice aux royalistes, et peut-être éprouve-t-il en ce moment la miséricorde Divine ? Cette même Providence ramène souvent les nations qui ont méconnu leur bonheur vers le souverain dont il était l'ouvrage : mais ces nations doivent concourir elles-mêmes à leur bonheur. Tant que les partis s'agitent, il est impossible de chercher et de trouver le remède à nos maux ; tout se ressent du tumulte des passions : la justice même, qui devrait être la même dans tous les temps, sans craindre ni les individus, ni les dangers, ni la mort même, reçoit toujours dans l'application les influences et les opinions du dehors. La peine de mort fut prononcée contre LOUIS XVI à la pluralité de 366 voix contre 355 ; et contre tous les usages et la foi du secret, de prétendus juges votèrent publiquement en présence d'un peuple féroce, ivre alors du sang si pur d'un Roi qui ne voulut que son bonheur, et dont l'appel à la nation fut rejeté contrairement aux lois et à l'humanité. La justice s'avilit alors, tandis que le courage du magistrat l'ennoblit et l'immortalise. Quand les Gaulois pénétrèrent dans Rome, les vénérables magistrats romains ne leur opposèrent qu'une gravité magestueuse qui les fit révérer comme des Dieux ; malheur aux magistrats que dirigent l'avarice ou la lâcheté, qui ne voient pas la gloire dans Achille de Harlay, repondant courageusement aux chefs de la révolte : « Mon âme est à Dieu, mon cœur est au Roi.... » et qui ne voient pas la honte dans la condamnation de Favras, indignement provoquée par les factieux, qui dirent aux coupables magistrats du

Châtelet qu'ils ne répondaient pas du peuple, si ce héros n'était pas condamné. Vous avez mérité une gloire immortelle, vous, magistrats de Poitiers, Rogues et Parigot, qui avez préféré déposer la pourpre que trahir vos cœurs et vos sermens, en signant un arrêt d'accusation contre la courageuse mère du duc de Bordeaux, qui revendique, avec une ardeur héroïque, les droits de son fils; et la cour royale d'Aix, en rejetant à l'unanimité l'accusation de S. A. R. MADAME, demandée par son procureur-général, a élevé pour la magistrature d'impérissables autels, refuge sacré de la faiblesse, de la veuve et de l'orphelin opprimés. Il faut qu'un juge ait le courage de descendre de son siége, quand il n'a pas celui de ses devoirs, et le sentiment de la vertu qui résiste à toutes les séductions et à tous les dangers. Clavier, juge de Moreau, répondit aux solliciteurs de la condamnation de ce grand général, et qui l'assuraient de la grâce de Napoléon, eh! qui donc nous fera grâce à nous-mêmes? Mots sublimes qui honorèrent sa disgrâce et ont illutré sa mémoire. Comme pour accroître la honte des magistrats qui sacrifient l'innocence, une main invisible a toujours soutenu à leurs derniers momens les victimes de l'iniquité; un courage héroïque, des mots sublimes, des dévouemens admirables les ont accompagnées sur l'échafaud. Louis XVI qui accorda la liberté à son peuple, la reine Marie-Antoinette qu'idolâtrait le monde, montent de l'échafaud au ciel qui les attendait, sans autre émotion que celle que leur causaient l'ingratitude des hommes et l'abandon où ils laissaient des enfans infortunés; et les hommes qui osèrent les condamner ont tous éprouvé sur la terre le juste châtiment de la puissance divine.

L'institution du jury, pour les délits politiques, démontre cette variation dans les idées et les opinions des hommes.

La faculté bien dangereuse, laissée aux préfets, pour la formation des listes des jurés, enlève le plus souvent aux accusés des garanties sacrées, pour les laisser entre les mains de ceux qui ont suivi d'autres drapeaux, et qui, seraient-ils exempts de haine, ne le sont pas de préventions injustes.

Il est donc vrai que les mœurs d'un peuple influent sur ses lois et sur leur application. Sous le règne de Georges III, en Angleterre, le fameux Wilkes, dans son Nort-Briton, ose attaquer directement le roi et il est condamné ; une année après, en 1769, Wood-Foll, traduit à la cour du banc du Roi pour avoir menacé le monarque du sort des Stuart, y est acquitté. (*Letter of Junius, p.* 93 , *de la Liberté et de la Licence de la presse ; par M. Clausel de Coussergues, pages* 38 *et* 43 *).* Sous Henri VIII , la nation anglaise, aigrie et malheureuse par les guerres et les entreprises de son Roi, est contrainte dans ses opinions par une législation tyrannique, qui punit les auteurs de la déportation , de la confiscation ou de la mort à l'égard des ecclésiastiques, tandis que Georges III, heureux par les vœux de son peuple et la majorité de son parlement qui était favorable à ses vues, laisse à l'opinion une liberté presque entière. Ainsi Louis XIV , puissant et respecté, voit les lois pleinement observées, et Louis XVI, sans puissance et sous les coups de ses ennemis, les voit méprisées et foulées par une horrible licence ; sous Louis XIV les mœurs étaient toutes françaises ; sous Louis XVI elles furent aliénées par l'ingratitude et la haine !

Quand les peuples souffrent d'incalculables maux, ils doivent s'unir pour les faire cesser ; ils doivent exprimer leurs vœux dans des assemblées qui représentent les véritables intérêts de la société. Je ne crois pas cependant que tous les Français, sans exception, doivent y être appelés. Si Louis-le-Gros accorda aux communes un sénat composé des principaux individus, nommés par leurs concitoyens, pour veiller aux intérêts communs, lever les revenus, établir les impôts, pour rendre la justice et tenir sur pied une milice réglée, où tous les habitans étaient enrôlés, on doit reconnaître qu'il le fit dans la vue d'appaiser les troubles de son règne, et surtout pour mettre les habitans des villes, en les unissant d'intérêt entr'eux, en état de se maintenir contre les grands seigneurs dont Louis-le-Gros voulut arrêter les entreprises ; mais ces priviléges furent retirés aux communes dès que les seigneurs ne furent plus à craindre.

On ne saurait assez le redire, il faut tout faire pour le peuple et rien par lui-même ; sait-il ce qu'il veut et ce qui lui convient ? Instrument des partis, il suit aveuglément les caprices de l'audacieux ou de l'intrigant qui le captive. Le pape Innocent II enleva au peuple de Rome le droit d'élire le Souverain Pontife pour le donner au clergé ; et en 1180 le pape Alexandre III le confia aux cardinaux seulement ; les diètes tumultueuses de Pologne n'attestent que des désordres et des malheurs : toutefois la liberté ne doit pas être un vain mot ; il faut que le peuple soit largement représenté et par des hommes dévoués à ses intérêts. L'ambition dominant les assemblées politiques est un grand malheur, mais la fureur populaire écartant de ces assemblées, par la crainte ou la terreur, les honnêtes gens de toutes les classes, est le fléau précurseur des révolutions. A l'ouverture des Etats-Généraux, en 1789, des sociétés se formèrent sous le nom de clubs, et ces sociétés étaient composées de députés qui se réunissaient pour discuter d'avance les propositions qui devaient être faites à l'assemblée. Celle des jacobins, qui absorba toutes les autres, prépara la mise en jugement du monarque infortuné. Les auteurs du compte - rendu imitent ces exemples précédens ; heureux encore si, mécontens du gouvernement qu'ils ont voulu et remplis de louables désirs, ils faisaient adopter les projets de bonheur et de stabilité qui sont dans les vœux des véritables Français ! Louis XVI, qui donna à Versailles, au mois de juin 1787, l'édit de création d'assemblées provinciales, y admit sans distinction tous ses sujets payant l'impôt foncier ou personnel, et pour prix des libertés qu'il accorda à son peuple, il reçut la captivité et la mort.

Toutes les pensées de liberté ont été dans le cœur de nos Rois, depuis la liberté de conscience jusqu'à celle des citoyens et de la justice ; depuis la liberté du pouvoir jusqu'à celle de l'enseignement et des provinces.

Ce n'est que pour assurer ces libertés menacées par le principe démocratique, que CHARLES X voulut se servir, dans l'intérêt de la nation, de l'article 14 de la charte ; et pour avoir songé à exécuter cette loi de l'Etat, le peuple, dont le monarque voulait garantir la sécurité, triste jouet de ces hommes infâmes qui paraissent toujours avec leur ambition effrenée quand le danger est passé, a renversé son bonheur avec la monarchie LÉGITIME ; ce peuple, massacré dans toutes les villes de France par des troupes de ligne, obligées de se défendre, a appris à ses dépens, comme les élèves des écoles renvoyés à leurs familles, que s'il fut porté aux nues dans les fatales journées de juillet 1830 pour avoir provoqué l'armée de CHARLES X qui fut avilie, le sang qu'il a répandu sous Louis-Philippe a fait couvrir les régimens d'indemnités et d'honneurs si peu dignes d'envie.

Funestes ambitieux ! vous aviez cru peut-être que la révolution une fois consommée vous laisserait paisibles possesseurs du fruit de vos ténébreux efforts ; mais les révolutions ne s'arrêtent pas à un fait accompli : si une conspiration soudaine affranchit en 1640 le Portugal de la domination de Philippe IV pour y faire régner un duc de Bragance (Jean IV), et si cette révolution aussi rapide dans les Indes qu'en Europe, ne coûta la vie qu'à une seule victime, c'est parce qu'à la mort de Sébastien, Philippe II avait usurpé le Portugal pour le réunir à l'Espagne, et que les vœux des Portugais étaient toujours pour leur souverain LÉGITIME. En 1720 Gustave, roi de Suède, eut le bonheur de s'affranchir, sans effusion de sang, et par la concession d'une loi nouvelle, d'un sénat et d'un comité secret qui l'opprimaient et de sauver sa vie et sa couronne menacées au milieu de la joie et de la reconnaissance publiques.

Ces exemples démontrent bien clairement que les révolutions qui ramènent les choses dans leur état naturel, ne sont jamais sanglantes, parce qu'elles ont l'appui des principes conservateurs des sociétés.

La Restauration de nos Rois nous donna le bonheur avec toutes les libertés, et par le renversement de cette Restauration, on a détruit ces libertés et substitué LE DESPOTISME à la loi et à la liberté publique. Quand on veut détruire un gouvernement légitime, on se sert du mensonge et l'on frappe sur les objets les plus dignes de nos respects, parce qu'ils étayent le trône sur lequel sont dirigés les coups de l'envieuse ambition; la Religion et les prêtres sont voués au mépris ou à la haine : l'un, sous le prétexte d'une discussion dogmatique, attaquait les vérités du christianisme en niant la révélation et la divinité de Jésus-Christ, qu'il qualifiait de jeune sage ou de respectable moraliste ; l'autre taisait perfidement ses miracles pour détruire sa mission divine. L'évangile même avait été outragé, ce livre que tant de siècles et d'hommages ont placé à la tête de tous les livres, qui a civilisé les nations en leur donnant une morale pure et la liberté à la place de l'idolâtrie et de l'esclavage ; ce livre, a dit M. Levavasseur, (1826, affaire de Touquet), où le poète va chercher les plus douces consolations ; le législateur, le modèle le plus parfait de ses lois ; le moraliste, les plus saintes règles de la morale ; l'homme de lettres, ses plus touchantes inspirations ; le philosophe enfin l'objet de ses plus hautes contemplations : ces divers écrits étaient de la nature de ceux qui dès 1686 inondèrent l'Angleterre et causèrent sa révolution de 1688, en provoquant à la haine de la religion et du monarque.

Pour renverser un gouvernement de fait, on emploie les armes de la vérité ; on écrit sur des faits évidens, portant à tous les yeux le cachet de l'arbitraire : n'a-t-on pas entendu aux obsèques du général Lamarque le jeune Vidau, député des étudians en droit, s'écrier sur sa tombe; « comme Benjamin Constant, Lamarque tu suc-
» combes au déboire de tant de turpitudes ! » Pouvons-nous ne pas gémir en voyant l'état de siége de Paris et de quatre départemens de la Vendée, entraîner des milliers de prévenus dans les tribunaux d'exception, que semblait vouloir proscrire la charte-vérité, et consacrer une odieuse rétroactivité, foyer de désordres et d'épouvantables iniquités ; rétroactivité que l'histoire d'Angleterre reproche comme une tache ineffaçable à la mémoire des juges de Strafford : où donc est l'humanité qui devait être la règle du gouvernement ? De terribles condamnations pèsent sur les deux partis qui ne s'entendent

pourtant que dans les fers, et cette peine de mort qu'on avait voulu bannir de nos Codes, pourquoi la prononce-t-on ? est-ce pour raffermir un débile pouvoir qui trahit sa faiblesse par ses actions ? Et vous habitans de la Vendée, est-ce un crime pour vous que de vous croire liés encore à cette auguste famille pour laquelle votre terre fortunée a produit des héros ? Et l'indignation peut-elle se taire sur l'assassinat de Cathelineau désarmé et se rendant sans résistance à ses ennemis ? que ses mânes se consolent ! De sa tombe sortiront de nouveaux Cathelineau marchant sur les traces sublimes des Larochejacquelin et des Charrette et des Cadoudal ; dans la terre des braves, les héros ne meurent jamais, et la terreur qui les fit naître nous montre aujourd'hui avec les Sapinaud et les Beauchamp les braves de la Pénicière combattant vaillamment de nombreux ennemis au milieu d'un dévorant incendie ; madame de Larochejacquelin, commandant en chef à la Gaubretière, ayant pour aides-de-camp M. de la Tour-du-Pin et mademoiselle de Fauveau, imitant notre héroïque princesse, bravant les périls et la mort, ayant pour inspirations à son courage la Providence, la sollicitude maternelle, les maux de la patrie et la justice de sa cause.

Vos ordres et vos décrets de prise de corps n'arrêtent pas cette auguste princesse dans ses justes desseins ; Dieu la soutient, comme il soutint, dans une position différente, Marie Thérèse luttant glorieusement contre une partie de l'Europe liguée pour la dépouiller des possessions de la maison d'Autriche, dont elle était seule héritière. Le courage et les vertus triomphent toujours.

On a poussé l'audace jusqu'à faire arrêter par des agens de police reculant devant leur mission MM. Hyde-de-Neuville, de Châteaubriand, de Fitz-James et Berryer, ces hommes d'honneur et la gloire de leur patrie, qui par leurs écrits courageux et leur noble langage à la tribune, ont mêlé à leur génie la liberté, l'indépendance et la vertu : lisez leurs interrogatoires ; la sagesse, la convenance, le courage et la discrétion de leurs paroles mettent à découvert cette haute politique, que la France ne peut trouver le repos et la liberté dans l'intérieur, l'honneur et l'amitié à l'étranger que par LE RETOUR A LA LÉGITIMITÉ.

Hors de là en effet, il ne peut exister de gouvernement; la violence qui peut le soutenir quelque temps est sa plus grande ennemie : témoins de tous ses excès, peut-on se résigner à un lâche silence; quel homme ne regrette pas le temps passé? Sans vouloir réveiller les cendres du maréchal Ney, fût-il distrait de ses juges naturels, du jugement de ses pairs? Lui enleva-t-on comme aux ministres de Charles X les garanties du nombre et de l'identité de ses juges pour lui donner des juges nouveaux? La loi qui fut appliquée au maréchal Ney existait au moment du fait qui lui fut imputé : elle fut créée pour punir les ministres de Charles X, à raison de faits qui trouvaient leur justification dans l'article 14 de la charte, et dans les devoirs qu'il leur prescrivait pour la sûreté de l'état; et cependant ils sont dans les fers en butte depuis trois ans à toutes les privations, après avoir subi les coups de la plus injuste calomnie. Ont-ils à se reprocher le sang du peuple? Non, mille fois non. Si ce sang leur eût été aussi indifférent qu'il leur était cher, ainsi qu'à l'auguste monarque dont ils furent toujours les mandataires fidèles, ils se seraient entourés de troupes et de tous les moyens propres au succès de leur desseins; mais avec des vœux d'ordre, de paix et de bonheur, ils ne pouvaient vouloir exercer des violences pareilles à celles que nous subissons, et ils respectèrent la liberté des ennemis déclarés du gouvernement légitime, des auteurs de tous nos maux. Les ministres de Louis-Philippe font arrêter sans motif les hommes suspects qui ont échappé au carnage des villes; ils sont retenus contre les lois sans mandat de dépôt (1), et le secret le plus rigoureux en se prolongeant inhumainement plusieurs jours, prive les prévenus de l'assistance et des consolations de leurs parens et de leurs amis; souvent même les préfets et les sous-préfets oubliant leurs devoirs,

---

(1) M. Berryer a été écroué, le 10 juin 1832, à la prison de Nantes sans mandat de dépôt.

empiètent sur le pouvoir judiciaire et retiennent dans les prisons, par une autorité qu'ils n'ont pas, des hommes contre lesquels la justice n'élève aucun soupçon : est-ce ainsi qu'on obéit aux lois ? est-ce ainsi qu'on ramène les cœurs? La Vendée fut-elle appaisée par les proscriptions de la Convention? La France peut-elle être encore sous les ministres qui la gouvernent malgré elle, et qui croient pouvoir dédaigner les conseils de la sagesse et de l'experience, quand nos pères ont vu le cardinal de Fleury et le maréchal de Villards rendre la France heureuse et glorieuse par un génie que leurs vieux ans n'avaient point affaibli ? Quelles lois ont été rendues ? lois de proscriptions qui ne durent jamais, lois sur les céréales qui n'ont pu empêcher la misère, d'énormes budgets, une immense liste civile ajoutée à la plus grande fortune, une garde nationale qui par son organisation a partout armé les citoyens les uns contre les autres, qui appelle des hommes à l'âge qui se refuse à tout service et qui, dans l'armée, force le plus souvent à la retraite ; un fonds commun enlevé aux émigrés comme pour se jouer des lois, l'avarice d'une part qui dément si haut le sang d'Henri IV, de l'autre la prodigalité dévorant nos fortunes, tour à tour, sans nous donner ni repos, ni honneur, ni considération ; voilà les hauts faits des gouvernans du jour. Aussi que d'avanies salissent leur pouvoir tyrannique! Rien n'arrête les voix qui le traînent tous les jours dans la boue : suivons le voyage du duc d'Orléans : si les cœurs volaient au-devant de l'auguste famille qui nous donnait la liberté et le bonheur, qu'a recueilli le duc d'Orléans sur son passage? Des émeutes, des cris et des chants d'horreur, du sang répandu, des habits de garde national étalés en signe d'allégresse, à vendre pour payer la liste civile : sous les yeux du prince Lauzier, de Chartrouse, député, a été frappé au milieu du conseil municipal, et Montpellier a vu des malheurs au lieu d'une fête : l'inhumanité de nos gouvernans frappe également le sexe faible, comme pour insulter à l'ancienne courtoisie française : Mme Brunet à Bordeaux n'a pas été plus exempte du cachot et des rigueurs du secret, que M. le prince de Beaufremont et

M. de Pichard : « Que des hommes jaloux d'un pouvoir passager, mais personnel, dirons-nous avec le parlement de Paris, dans ses remontrances, du 11 mars 1788, au sujet des lettres de cachet, que d'avides courtisans fermant les yeux sur l'avenir, colorent cet usage des spécieux motifs de la sûreté publique ou de l'honneur des familles, votre parlement, n'en est pas étonné; l'esprit de servitude marche à la suite de l'ambition et de la cupidité, mais, sire, qu'il se trouve quelques citoyens assez aveugles pour ne pas voir dans chaque lettre de cachet qu'ils demandent ou qu'ils excusent, l'effroyable danger qui les menace eux-mêmes, voilà ce qui nous étonne, voilà ce qui nous afflige. »

Il faut l'avouer pourtant, un sentiment intérieur réunit aujourd'hui les hommes les plus divisés d'opinions, et l'injustice qui frappe un parti est aussitôt relevée par l'autre sans le moindre ménagement.

Tous les Français semblent s'être entendus pour frapper de leur réprobation et de déshonorantes arrestations, et la mise en état de siége de Paris et de quatre départemens et l'épouvantable rétroactivité qui soumet des faits antérieurs à des conseils de guerre. Comme MM. Hyde-de-Neuville et de Fitz-James, tous les barreaux de France, sans distinction de parti ou d'opinion, ont protesté contre les mesures de violence et de peur qui, égarant les ministres, semblent leur dissimuler qu'on ne reste pas toujours sur la roue des révolutions; si la magistrature n'a pu joindre sa voix à celle du barreau, c'est parce qu'elle a dû considérer, avec juste raison, que les magistrats étant juges de tous les Français, devaient rester impassibles comme les lois, au milieu des événemens, pour inspirer la même confiance à tous les partis (1).

On regrette que cette même magistrature, accoutumée autrefois à rendre des arrêts et non pas des services, n'ait pas eu unanimement le courage de retenir des causes qui étaient de sa compétence, au lieu de les renvoyer à des conseils de guerre institués après coup.

---

(1) Lettre du premier président de Belbœuf à la cour de Lyon, du 20 juin 1832.

Eu opposant l'incompétence des conseils de guerre, chaque accusé non militaire fait valoir les lois, ses droits et ceux de tous les Français, avec cette liberté de langage qui était entendu du préteur romain, lorsqu'un prévenu condamné à être battu des verges déclinait, comme Gavius, sa qualité de citoyen romain. C'est cette liberté qui donne un frein à la licence et rend les lois plus chères et plus faciles. Quand Bonaparte remuait le monde et que des agitations violentes se manifestaient dans l'intérieur de l'Angleterre et de ses colonies, jamais cette nation ne suspendit l'*habeas corpus* et les autres garanties de son gouvernement.

Les gouvernemens forts de leur origine et de leurs droits ne craignent point le langage de la vérité : des avertissemens opportuns peuvent d'ailleurs préserver les rois et leurs ministres des fautes auxquelles ils sont sujets : « Je regarde, dit M. de Malesherbes, page 7 de son Mémoire sur la Liberté de la Presse, comme un principe qui ne peut plus être contesté, que la liberté de la discussion est le moyen le plus sûr de faire connaître à une nation la vérité, et je pose cette maxime comme un des principes fondamentaux de ce Mémoire. »

Quand des lois ou des usages passés en force de loi, seront contraires à nos mœurs, pourquoi ne serait-il point permis aux hommes de talent et de bonne foi, d'en démontrer les vices et de demander des changemens devenus nécessaires. Dans les anciens Etats-Généraux, les abus de la justice furent souvent révélés, et ces révélations produisirent d'heureuses améliorations dans la jurisprudence et dans les lois.

Quand Mallet du Pan, qui a tout sacrifié pour son Roi, prédisait, en 1791, dans le Mercure de France, au malheureux Louis XVI, le sort de Charles Ier, nul ne lui en fit un crime.

Que les ministres ne s'y trompent pas, ils suivent les exemples du Directoire qui frappait à droite et à gauche, déportait dans les déserts brûlans de Synnamary, les hommes de tous les partis et ses collègues comme les auteurs de journaux ; tous portèrent le poids des mêmes chaînes, mais chacun garda ses opinions qui, pour l'honnête homme, ne sont ni une comédie, ni un masque d'ambition. Vaublanc et Barthélemy, quoique proscrits en même-temps que Carnot et Mailhe, n'ont pas plus sympathisé de sentimens avec eux, que M. Raspail et M. de Fitz-James, que les décorés de juillet avec MM. de Mesnars, de Châteaubriand, Hyde-de-Neuville et Berryer, décorés d'une toute autre fidélité.

Le Directoire ne survécut pas long-temps à ses violences : le 19 brumaire arriva, et ce Directoire fit place à Bonaparte et à ses deux Consuls.

Les violences réclament sans cesse contre leurs auteurs; on ne veut nulle part d'un gouvernement avili; le mécontentement de l'intérieur, retentit à l'extérieur avec la honte et le mépris : « Les Français, a dit le gouvernement de Rome (nouvelles de Rome, 15 juin 1832), étaient venus pour défendre mes droits, et leur seule présence et leur conduite à Ancône font soulever toutes les populations contre moi. »

Quand un conseil de ministres a contre lui tant d'élémens ennemis, il ne peut s'entendre, et la conservation du pouvoir est impossible dans ses mains : « Aussitôt que la discorde commence à paraître, dit Homère, livre IV, elle s'élève insensiblement, et bientôt, quoiqu'elle marche sur la terre, elle porte sa tête orgueilleuse jusque dans les cieux. » La présidence du conseil a commencé par diviser les ministres entr'eux, mais bientôt la discorde règne en souveraine, lorsque chacun des ministres rejette sur les autres la honte des mesures exceptionnelles, l'opprobre des visites domiciliaires, des arrestations les plus illégales, et des destitutions foulant les plus honorables services ; la fuite du conseil est un besoin pour chacun d'eux, s'ils savent lire leur condamnation dans les justes considérans de l'arrêt de la cour suprême, qui a flétri leur dernier acte de tyrannie et d'oubli des lois. En cassant les jugemens des conseils de guerre, elle a prouvé cette noble indépendance, qui, sans égard à la puissance et au crédit, rend ses magistrats dignes des immortels et courageux l'Hôpital, Ser-

vin, Lavacquerie et Molé. Bonaparte lui-même, en s'ac-
cusant d'avoir fait arrêter sans droit, à Milan, de mauvais
prêtres qui s'y étaient mariés, demandait au Corps
Législatif une loi pour punir comme bigâme le prêtre
qui se marierait contre les lois de l'Eglise. Cet homme
si inflexible voulait le règne des lois, quand il dit à la
princesse de Hatzfeld à Berlin implorant sa clémence :
« Jetez au feu la lettre qui compromet votre époux ;
» cette pièce anéantie, je n'aurai plus des preuves pour le
» faire condamner. »

Quelle confiance peut inspirer au commerce et à l'in-
dustrie ces visites de tous les jours, ces fouilles brutales
qui n'épargnent ni Paris, ni les provinces, ni la vie publique, ni la vie privée ; ces mesures insensées et barbares
qui embrassent les membres de la société des amis du
peuple comme le duc de Lorges, le prince de Léon, Eric
(Bernard) et ce vénérable archevêque de Paris, dont les
bras comme les châteaux sont toujours ouverts à l'indi-
gence et aux malheureux atteints de la contagion, dont
la bienfaisance élève des autels dans les cœurs à l'imita-
tion des immortels de Belzunce et du Belloy ; quelle
confiance peuvent donner ces arrestations arbitraires,
provoquées par d'odieuses délations et qui rappellent à
l'esprit ces gueules de Lion de Venise, ouvertes à l'infâmie, pour y déposer contre les citoyens ces *Denunzie
segrete* si redoutées dans l'ancien gouvernement de cette
république : honte éternelle à ces hommes sans pudeur et
sans âme qui créent des dangers et des complots pour
faire valoir d'odieux services.

Quelle sécurité pour l'homme témoin de tous ces maux,
qui voit transformer en crime, en juin 1832, des faits
qui furent déclarés héroïques en juillet 1830 ; la pensée,
cette faculté que nous avons le plus en notre puissance,
l'indépendance du caractère n'attirent que l'exil ou la
prison ; tout semble permis à ceux qui ont détruit le
principe de vie, conservateur des états, l'inviolabilité
du Roi et la responsabilité des ministres, l'hérédité de la
pairie, l'initiative des propositions de lois dévolue au
Roi et cet article de la charte qui proclamait la religion

catholique religion de l'état. L'injustice et l'arbitraire se
sont donné la main pour saisir les journaux avant leur
publication, pour apposer les scellés et détruire une existence légale avant de juger la pensée de l'écrivain dont les
talens doivent subir toutes sortes de rigueurs et de chaînes. On voudrait, pour condamner les écrivains et les
journalistes, scruter des pensées intimes et le fond de la
conscience ; on oublie qu'un des fléaux les plus redouta-
bles est celui qui interprête des écrits pour y trouver
un sens coupable ; M. Dupin, lui-même, disait le 29 décembre 1831, à la cour de cassation dans l'affaire de la
Némésis, en repoussant le système des interprêtations ;
« M. de Lacroix-Frainville, ce profond jurisconsulte dont
» la sagesse avait dirigé mes premiers pas dans la carrière,
» était également opposé au système des interprêtations.
» Ferme dans ses principes, il faisait avant tout reposer
» la science du droit sur un respect profond pour le
» texte des lois, et surtout en matière pénale, il eût re-
» gardé comme un sacrilége d'en étendre le sens au pré-
» judice d'un accusé. La liberté est le droit commun, et
» les restrictions, les gênes, les pénalités sont des excep-
» tions qui, par leur nature, ne sont pas susceptibles
» d'extension. » Jamais les harangues de nos plus illustres
magistrats, inspirés par le plus pur patriotisme et le
désintéressement le plus rare ; ont-elles été l'objet de
poursuites dans aucun temps de la monarchie ? Il n'y a
qu'à parcourir les registres du parlement....... M. de
Malesherbes n'est-il pas aussi grand par le courage et la
sagesse des remonstrances de la magistrature dont il fut
le glorieux organe, que lorsque sa tendre amitié verse
ses plus douces consolations dans l'âme reconnaissante de
son infortuné maître.

Mais ne parlons point de liberté en présence des destitutions qui se multiplient à l'infini, et pour des causes
qui portent à l'âme la tristesse et le dégoût. Un fils que
la tendresse filiale entraîne vers son père (le comte de
Mesnars) dans la Vendée, est arrêté et traduit devant un
conseil de guerre à Niort ; M. de Baumont, préfet de
Pau, est destitué sur-le-champ pour avoir répondu au

ministre qu'il lui serait trop pénible, si le cas arrivait, de se soumettre aux ordres nouveaux qui lui prescrivaient de faire arrêter madame la duchesse de Berri et sa suite, quand il avait fait connaître son approbation aux ordres plus généreux de faire reconduire la princesse à Holy-Rood par un bâtiment de l'état.

M. Ducoussol, conservateur des hypothèques, à Perpignan, ne fut-il pas aussi disgracié pour avoir refusé de remplir le 21 janvier une formalité hypothécaire, par la raison que la loi de 1816 n'était pas rapportée et qu'elle avait été rendue pour l'expiation du plus grand des crimes.

M. de Maslatrie fils s'est vu, par une rigueur inouie, cassé de son grade d'oficier pour des faits purgés par un arrêt de la cour d'assises d'Angers : est-ce ainsi qu'on se joue des lois et qu'un ministre ose improuver les arrêts de la justice auxquels il doit le premier porter soumission et respect. Cette injustice, en aigrissant les hommes de cœur, les entraîne dans de nouveaux malheurs dont la responsabilité pèsera toujours comme un remords sur ceux qui les ont provoqués. M. Barthe n'a-t-il pas osé destituer les juges d'instruction de Laval et de Fontenay qui ont fait juger, que l'état de siége n'était pas légal, qu'il ne pouvait rétroagir ni dépouiller les tribunaux ordinaires. N'est-ce pas là le caractère d'une basse vengeance et d'un outrage à la plus noble indépendance ? D'ailleurs l'état de siége ne peut s'appliquer qu'à des places fortes, investies par l'ennemi et nullement à des communes et à des départemens ; quand Bonaparte déclara les îles britanniques en état de blocus, les puissances neutres qui, connaissaient le nombre et l'insuffisance des bâtimens français, regardèrent cette déclaration illégale comme le dépit de la gloire irritée.

Le pouvoir et la liberté sont-ils donc devenus des ennemis irréconciliables ? Les ministres voudraient nous interdire la faculté de parler et d'écrire ; ce serait le dernier terme de la servitude, et ils ne peuvent espérer d'obtenir ce déshonorant asservissement, moins encore de nous ravir la mémoire. Pouvons-nous oublier les paroles de

M. Barthe en 1826, lorsque travaillant au renversement
de la monarchie, il soutenait, en se couvrant devant la
chambre des députés, que si on pouvait ravir à la liberté
de la presse la faculté d'exprimer les plaintes du pays,
avec la plus grande énergie, il y aurait tyrannie d'un
ministère ou d'une majorité ; qu'on pouvait dire à une
majorité qu'elle ne remplissait point ses fonctions, qu'elle
était inhabile et même qu'elle ne représentait pas la nation ; il soutenait encore, comme Cazales à l'assemblée
constituante, que dans tous les temps et dans tous les
lieux, le parti de l'opposition avait été et serait toujours
le parti du peuple et de la liberté ; peut-il aujourd'hui
insulter ce même peuple, en lui prescrivant, dans son
inconcevable circulaire, des limites que la raison et le
bon sens désavouent. Ce ministre ne voudrait point qu'on
discutât le principe du pouvoir, afin que le sien fût reconnu provenir d'une source légitime et inspirer par suite
quelque respect au lieu du mépris et du dégoût. Il voudrait, avec ses collègues, que tout ce qui sort de leurs
mains, depuis la charte de 1830, jusqu'aux arrestations
et les visites domiciliaires les plus arbitraires, fût trouvé
parfait, et que la presse fût sans droit pour discuter un
pouvoir qu'elle a élevé. On ne pourra pas même dire que
Napoléon se fit élire par le peuple, et que le peuple n'a
été compté pour rien dans l'élévation de Louis-Philippe :
N'est-ce donc pas une vérité qui déborde de tous les
cœurs ; et quels sentimens peuvent y faire naître ces
hommes d'un jour, ennemis de la liberté, parce qu'elle
leur rappelle la contradiction de leurs paroles et de leurs
actes ; ennemis des hommes de talent et de génie, parce
qu'ils ne peuvent que créer l'ineptie et la peur, et que la
célébrité à laquelle ils ne peuvent prétendre n'ayant rien
fait pour l'acquérir, les blesse et les irrite ; ils ont cru
peut-être, dans leur orgueil insolent, puiser la gloire en
attachant leurs noms à l'arrestation de MM. de Châteaubriand, Hyde-de-Neuville, de Fitz-James, Berryer et de
tant d'autres honorables suspects, tandis que la postérité
les couvrira d'infâmie : ils ont méconnu l'histoire qui
leur eût appris que même dans les villes prises d'assaut,

les hommes illustres ont été respectés par le vainqueur ;
Marcellus entrant à Syracuse ordonna d'épargner Archi-
mède ; Attila allant ravager Rome cède à son respect
pour Saint-Léon ; mais nos ministres semblables aux
arabes qui brûlèrent la bibliothèque d'Alexandrie n'ont
rien respecté dans les hommes, ni la gloire, ni le génie ,
ni les services, ni les honorables principes de liberté et
de légitimité qui les ont dirigés toute leur vie, ni leur
entier dévouement à d'augustes proscrits, ni leurs souffrances ou même les douleurs de leurs familles. Ceux-là
du moins n'ont pas, comme leurs oppresseurs, brûlé aujourd'hui ce qu'ils ont adoré hier , payé des bienfaits par
la défection et l'ingratitude. Il est pourtant si beau d'être
fidèle à ses croyances et à sa foi ! Théodoric, roi des
Ostrogots, fit couper la tête à celui qui, pour lui plaire ,
avait quitté le christianisme. On voit ces hommes d'un
pouvoir nouveau déployer , dans le nouveau camp où ils
servent, un zèle et un entraînement blâmé par le parti
qui, dans le fond du cœur, les accuse d'aller trop loin ;
ils ne comprennent point que, dans ce parti même , il y a
plus d'ambition que de conviction ; mot profond de vérité
de M. Hyde-de-Neuville, (lettre du 7 juillet 1832 à
M. Montalivet). Des hommes de cœur, fidèles à leur foi
et à leurs premiers sermens, sont traînés de cachots en
cachots, côte à côte, avec des forçats : mais, pensez-vous,
vous ordonnateurs de ces horribles anomalies que le con-
tact de l'honneur avec l'infamie va l'abattre et lui ravir
sa gloire ? Grossière erreur ! Venez voir leur front calme
et serein ; contemplez Bérenger et ses nobles complices
d'honneur, défiant votre vaine puissance et conquérant
tous les hommages, vous transmettre le mépris public....
Quand un jour, qui n'est pas éloigné, le bouclier de
Renaud éclairera à vos propres yeux votre conduite et
votre honte, vous serez humiliés des prétendus honneurs
sous lesquels vous aurez misérablement ployé : peuvent-
ils encore, comme s'ils en avaient le droit, parler d'humanité et de justice quand leurs lois sont méconnues.

Honneur à ces hommes dont les sentimens généreux
sont au-dessus de la faveur et des emplois ; dans leur

retraite, le contentement de soi-même et l'approbation
des autres leur prêteront la plus douce consolation que
l'homme de bien puisse éprouver, et que lui refuserait
la position la plus élevée sans l'estime publique.

Au milieu des événemens actuels, il faut toujours
craindre ou pour nous-mêmes ou pour ceux qui nous
sont chers; une sombre mélancolie s'empare de nos
âmes; les affaires publiques occupent les esprits et les
empêchent de se livrer aux beaux arts et à des œuvres
de génie : il semble enchaîné par les plaintes et les cris
qu'il entend autour de lui. La paix régnait autour de
Raphaël, quand son divin pinceau exécutait tant de chefs-
d'œuvre. Le cinquième siècle changeant la face du monde
par ses destructions, ne vit produire presque rien de
grand, et le quinzième le renouvela par ses grandes dé-
couvertes, l'imprimerie, la boussole, le passage des
Indes par le Cap de Bonne-Espérance et l'Amérique.

« Ce n'est pas dans un temps, a dit Monsieur de Poli-
» gnac dans un ouvrage (1) qui respire tout à la fois le
» pardon des offenses, l'amour de son Dieu et de son
» Roi, le courage dans l'infortune et des conseils de
» concorde, ouvrage dans lequel le bonheur des expres-
» sions s'allie avec la force et le choix des pensées, ce
» n'est pas dans un temps, dit cet écrivain, qui ne con-
» naît jamais de lendemain, lorsque les affections les plus
» profondes de l'âme se trouvent contristées ou brisées,
» lorsque la pensée inquiète flotte incertaine entre le
» désir et le regret...,. que nous pouvons espérer de voir
» briller de nouveau les beaux siècles d'Auguste et de
» Périclès...,. L'âme déchirée par des peines présentes
» dirige toutes ses facultés contre l'obstacle qui s'oppose
» à sa tranquillité, et n'en réserve plus aucune pour
» satisfaire à ce désir inné d'apprendre et de connaître
» le don le plus précieux qu'elle ait reçu de son créa-
» teur,.... Phidias ne remplit la Grèce de ses chefs-d'œu-
» vre qu'après que le fils de Xantippe eût appaisé les

____

(1) Considérations politiques sur l'époque actuelle, pag. 118
et suivantes.

» furcurs populaires, et les muses n'inspirèrent Horace
» et Virgile, que lorsque la guerre civile eût cessé
» d'ensanglanter l'Italie. »

Que vous êtes heureux, vous, Châteaubriand, Lamartine, Guiraud, Victor Hugo, dont le génie, écartant les obstacles qui troublent la tranquillité du cœur, parcourt souvent, même avec gloire, des routes nouvelles, pour y trouver des beautés inconnues. Les inspirations de la nature et d'un Dieu créateur, qui rendent vos images si grandes, vos pensées si ingénieuses, semblent renouveler le siècle de Louis XIV ; mais si Corneille, Bossuet et Racine écrivaient et nous léguaient une gloire impérissable, pendant les guerres que soutenait ce grand monarque, ces guerres du moins ne présentaient point à leurs yeux les citoyens divisés, armés les uns contre les autres, et des révolutions dont le foyer toujours brûlant, entretenu chez toutes les nations par des assemblées populaires, des réunions politiques et des souscriptions libérales, semble n'aspirer qu'à engloutir et les peuples et les rois : combien méritaient de suivre vos traces ce Barthélemy dont l'heureuse fécondité est un prodige si rare, et ce Béranger dont les chansons respirent la plus tendre suavité ! Combien la gloire eût été satisfaite, si leur génie, au lieu de chercher un renom utile et de hâter la chute d'un trône héréditaire, eût parcouru ces routes si belles et si fécondes où la religion eût donné à leurs pensées une étendue et une solidité sans bornes : je ne puis me défendre de citer ce couplet de la chanson de Béranger (*La Vieille*), il est si beau et si tendre, parce qu'il exprime une idée religieuse,

Objet chéri, quand mon renom fertile,
De vos vieux ans charmera les douleurs,
A mon portrait, quand votre main débile
Chaque printemps, suspendra quelques fleurs :
Levez les yeux vers ce monde invisible,
Où pour toujours nous nous réunirons,
Et bonne vieille, au coin d'un feu paisible,
De votre ami répétez les chansons.

Rossini a-t-il jamais été plus grand que dans ses compositions religieuses qui avaient la vérité pour objet ! Et vous Casimir Delavigne, combien vous avez été heureux et vraie dans le choix des enfans d'Edouard pour sujet de votre dernier ouvrage ! vous avez apporté à son comble l'intérêt pour une mère et des enfans orphelins et l'horreur de l'usurpation, montant sur un trône ravi à l'innocence par les degrés sanglans de l'infamie, de la diffamation et de l'assassinat ! Ces tableaux font horreur ; que de souvenirs cruels ne se rappellent-ils pas en ce moment ! dans l'excès de ma douleur, je me crois transporté à Florence au temps de ses guerres civiles, et dans l'église de St-Laurent, où deux statues du divin Michel-Ange, couchées sur le mausolée de Laurent de Médicis, représentent la Nuit et le Jour ; j'admire avec le génie de ce peintre immortel l'inscription que je lis :

> « La notte que tu vedi in si dolci atti,
> Dormire, fu da un angélo scolpita
> In questo sasso, è perché dorme havita.
> Destala, se nol crédi, é parleratti. »

Mais mon âme se confond et s'identifie avec l'âme du sculpteur navré des malheurs de sa patrie et peinte dans ces vers :

> « Gratò m'é il sonno, epiù l'esser di sasso ;
> Mentre ché il danno é la vergogna dura,
> Non veder, non sentir m'é grand ventura,
> Pérò non mi destar, deh par la basso, »

Et quel homme ne déplorerait pas, comme Michel-Ange, la destinée cruelle qui le rend témoin des maux sans terme et de la honte de sa patrie. Jouet de l'étranger, le règne actuel porte le poids de ses funestes destinées ; élevées si haut naguères, elles se traînent dans des contradictions, fruit des faux principes d'où elles émanent ; l'intérêt du moment, comme le hasard sur un vaisseau submergé et sans pilote, dirige ses destinées en tout sens. Sans être appelés, et contre le vœu du Souverain Pontife, les imberbes gouvernans de la France interviennent à Ancône pour y causer des troubles et des scènes sanglantes, tandis qu'ils n'ont pas osé intervenir ni pour les Polonais, ni pour don Pédro en Portugal, ni pour les Belges qui ont vainement imploré les secours de nos armes. Leurs principes sont entièrement contraires à la Hollande, à la Russie et à l'Angleterre, mais ils les renient pour condescendre à leurs vœux et obtenir le maintien de la paix à tout prix. Que voyons-nous à l'intérieur? des condamnés politiques traités comme des forçats; les journaux suspendus à l'Ouest; MM. de Beauregard et de Lapinière acquittés par la cour d'Angoulême, menacés de la mort dans le palais même où les plus grands scélérats trouvent protection et sûreté, par des forcenés dont ils n'évitent la rage meurtrière que par le secours d'âmes généreuses se dévouant pour eux. L'histoire d'aucun peuple nous offre-t-elle le spectacle de tout un régiment, sapeurs en tête, violant, à Nantes, le couvent des religieuses de la Visitation, sous le prétexte d'y chercher MADAME, duchesse de Berri? A-t-on pu exercer contre un étranger (le duc de Brunswick) cet acte arbitraire qui l'a conduit en Suisse, contre les lois de l'hospitalité, autrefois exercée avec tant de bienveillance par nos rois? Où est cette humanité qui devait faire disparaître de nos codes la peine de mort, quand nous la voyons prononcer contre Lepage, demandant seulement où est la mère du jeune Henri; contre l'éditeur des Cancans de la Vendée; contre le jeune Lime; contre cet infortuné Secondi, qui a montré, comme Caro, le plus grand courage, et dont la mort sur l'échafaud a rempli de stupeur les villes de Niort et Parthenay? La postérité ne voudra pas croire, toutefois, qu'après avoir respecté les adieux touchans de cette jeune victime de la fidélité, dans la prison et au milieu de ses camarades attendris, des gendarmes aient eu la barbarie de s'interposer entre le malheureux et son confesseur (l'abbé Guillon), et d'exécuter l'ordre de les séparer dans un aussi douloureux moment. Hommes de sang, ne savez-vous point que la pitié est la voix de la nature? L'assassin le plus farouche, a dit J. J. Rousseau, soutient un homme tombant en défaillance : Marguerite d'Anjou, tombée au pouvoir de brigands, dit au chef prêt à la frapper : « Sauve ton Roi ! » et le brigand tombe au pied de la Reine. Quand un homme mené au supplice ne peut plus trouver de consolations que dans le seul ami qui lui reste, et qu'on l'arrache de ses bras, que peut-on espérer sur la terre ? Ah ! non ; la révolution de 1793 n'offre pas ce trait de barbarie. Mais inutiles efforts ! vous ne soutiendrez point votre puissance ; vous n'acquerrez aucune considération chez les nations étrangères, et votre discrédit à l'intérieur, qui descend du premier employé de l'Etat, qui n'est pas à sa place, jusqu'au dernier, fait votre condamnation. Les décisions de la Confédération Germanique, conformes aux projets des autres puissances, renferment le renversement prochain des principes révolutionnaires et le triomphe des principes monarchiques ; laissez donc un pouvoir usurpé et qui ne peut inspirer nulle part une confiance qui ne s'acquiert qu'à une source légitime.

La confiance ! quand les assises de Blois ont démontré que l'amitié, les liens du sang n'étaient que des moyens pour mieux tromper, ce qui ramène à la terreur ou au temps de Tibère, si bien flétri par Montesquieu ; l'accusé Simonet n'a-t-il pas révélé que le maire de Cublin l'avait engagé à se placer dans les bandes royalistes pour les faire surprendre dans les retraites, dont il aurait donné le secret ? N'avez-vous pas entendu des hommes, jusqu'à des officiers, déshérités de l'antique honneur, et dans le dessein de créer des services pour l'avancement, se vanter de la perfidie de leurs paroles pour surprendre, trahir et faire arrêter...,... Ici pourtant la turpitude de la trahison fait place à l'honneur du président Bergevin, disant courageusement au vétérinaire Leprou : « Vous aviez tort de presser aussi vivement l'accusé Chauveau. » L'auditoire, sans distinction de parti, s'est indigné sur d'épouvantables révélations, et il a applaudi l'honorable magistrat et le capitaine Galleran blâmant avec une noble franchise les rigueurs de tout genre exercées contre les Vendéens, quand le système des amnisties et la clémence, soutenus par le rétablissement des autels, avaient mieux fait que le nombre des baïonnettes.

Quelle honte encore de voir toujours les hommes du pouvoir, vrais caméléons, exciter à la poursuite des royalistes, quand leurs sentimens, libres comme la pensée, ne peuvent être asservis, quand les cours royales rendent des arrêts et non pas des services, et distribuent la justice aux ennemis comme aux amis du gouvernement. Dans les grands intérêts qui occupent les esprits, au milieu des ventes su les places publiques, pour payer des garnisaires, on y étale, pour ajouter l'horreur à la misère, le garde-meuble des bourreaux : c'est une idée de Robespierre. Ah! du moins Napoléon en eut une bien différente, quand pour distraire l'attention des malheurs de la guerre, il signa, en 1812, de Moskou, un décret sur les théâtres, qui au lieu de sang, rappelaient les grands-maîtres de la scène française et des pensées de gloire. Quel règne que celui où l'on ose nommer brigands les Charrette, les Lescure, les Cathelineau, Bascher et Mlle de la Roberie! Puissé-je être un jour compris dans cette classe illustre pour un père condamné révolutionnairement en 1793, pour quelques services et pour d'odieuses vexations!

Consolons-nous pourtant : espérons dans l'avenir, car l'honneur n'est pas perdu ; n'a-t-on pas entendu Me Janvier, portant la parole pour Caqueray et Delaunay, flétrir tout avocat qui subordonnerait l'exercice de son ministère aux passions d'un parti, admirer Malesherbes assistant un roi malheureux, et Martignac défendant l'honneur et la tête du ministre son rival, jeter le blâme au contraire sur les avocats qui, cédant aux dangers, avaient refusé à de malheureux accusés les secours de leurs voix. C'est l'honneur français qui excite un vif intérêt à l'aspect de Berryer accusé et qui s'indigne contre l'imposture d'un procureur du roi et les faux de Tournier (témoin); qui dicte une noble conduite au président Bergevin et à l'avocat-général Vilnot qui, ne consultant que sa conscience, renonce à l'accusation.

Ah! Français, qui avons détruit de nos propres mains

notre sécurité , qui avons contristé l'innocence et le malheur , couvert des jours de gloire d'un crêpe funèbre, réunissons-nous tous pour faire reluire sur notre pays les destins qui lui appartiennent et dont on l'a fait descendre.

L'union fait la force des états ; après trois ans de souffrances, ne devrait-elle pas être déjà cimentée par la comparaison d'un passé glorieux , avec un présent de funeste mémoire et les présages d'un plus sinistre avenir ? Nos cœurs ne devraient-ils pas être convaincus par la justice de la cause que soutient pour l'héritier légitime de nos rois , cette princesse qui a donné à ses malheurs et à son courage maternel un renom impérissable ? Les Français qui se prosternent devant la gloire où peuvent-ils en trouver une aussi noble et aussi pure ? Quitter l'exil, sa famille et son fils , et plutôt que d'invoquer dans les cours de l'Europe des secours étrangers , descendre sur les rivages de sa patrie , affronter tous les dangers et la mort pour rallier aux cœurs qui lui sont ouverts , les cœurs indifférens ou ceux que la faveur ou la calomnie lui ont aliénés , sacrifier son repos et son existence pour prévenir une nouvelle invasion étrangère et les maux qui en sont l'inévitable suite ; n'est-ce pas allier la plus haute vertu au plus grand héroïsme qu'une femme ait jamais révélé au monde ? Il faut donc rendre les armes à l'illustre mère du duc de Bordeaux ; les partis doivent disparaître pour former cette union tant désirée qui rend les nations invincibles. En volant au-devant de notre Roi , nous rendrons hommage aux plus rares vertus ; nous reconnaîtrons d'imprescriptibles droits , et les nations étrangères qui croient voir dans le sein de la France le germe des doctrines affreuses, retrouveront leur sécurité compromise ; la paix , cet heureux don du Ciel , sera donnée au monde après tant de calamités ; sa durée sera garantie par les vertus qui se sont si souvent assises sur le trône des Bourbons , et par les souvenirs de gloire qui l'ont toujours environné, souvenirs rendus si chers encore aujourd'hui par les regrets que nos princes ont laissés en Écosse par tant de bienfaisance en quittant ses rivages , pour porter en Allemagne leur noble exil au milieu de l'ivresse des populations. Après avoir relevé les croix et les autels, rétabli les mausolées de Bonchamps et du duc d'Enghien, consacré de nouveau dans les cachots de la conciergerie l'autel qu'y avait élevé la tendre piété de Madame la Dauphine pour son auguste Mère, recueilli les cendres et les ossemens de Cathelineau, (22ᵉ de nom dans les annales de la fidélité, et tué sans armes et sans défense), de Larochejaquelin, de Bascher et de la famille de la Roberie, de Caro, de Bonnechose, et du laboureur qui lui donna un noble asile, après avoir reformé de ses débris la statue de Charrette, nous viendrons sur leurs cendres prier le Dieu de nos pères, afin qu'il entende nos vœux et nos désirs, et qu'il ferme à jamais l'abîme des révolutions sur le tombeau des malheureuses victimes de nos discordes civiles.

Les révolutions sont des fléaux, et cependant, de leur sein, s'échappent mille traits de vertu et de dévouement. Dans un vaste incendie ou dans une tempête qui avaient déjà fait tant de victimes, n'a-t-on pas admiré souvent un fils, un frère, un inconnu même, retirer au péril de leur vie des malheureux du sein des feux ou des flots ?

Dans nos colonies, parmi les esclaves qui nagèrent dans le sang des blancs, ne s'en trouva-t-il pas beaucoup qui sauvèrent leurs maîtres et se dévouèrent à la mort pour eux ? Aux Tuileries, où commandait en 1792 le vieux et fidèle maréchal de Mailly, un inconnu, sorti de la foule des révoltés, l'entraînant hors des lieux où il allait périr, le porta chez lui sans vouloir ni se nommer, ni recevoir aucune marque de reconnaissance.

L'innocence et la vertu, quelle que soit la position où elles se trouvent, rencontrent toujours des cœurs géné-reux ; tel est le charme attaché à l'infortune et à la per-sécution imméritées. Quand Louis XVI fut arrêté à Va-rennes, son calme et sa candeur, signes de sa noble conscience, gagnèrent le cœur de Barnave qui avait été envoyé par les ennemis même de l'infortuné Monarque. Parmi les commissaires de la commune de Paris, qui, envoyés au Temple, ne peuvent résister aux maux de l'auguste famille royale, les noms de Lebœuf, Moëlle,

Vincent, Jobert, Jayaye, Lapitre et l'infortuné Toulan, iront à la postérité, avec la gloire d'avoir été généreux envers les plus illustres victimes de la révolution.

Comme ces nobles modèles, M. le colonel Chousserie a su mériter par ses égards et ses hommages, les regrets de l'illustre captive de Blaye : quand on a l'âme élevée, on résiste aux séductions de la fortune ; mais on ne résiste point aux charmes de l'innocence, de l'héroïsme et de la vertu. Ce sont ces sentimens élevés qui ont inspiré tout le barreau français, dans l'offre de ses services, lavant ainsi l'odieuse tache de Target, affligeant son malheureux roi, par le refus de ses talens pour la plus belle cause qui fût jamais ; qui ont dicté les protestations de presque toute la France contre une odieuse captivité. Ce sont ces nobles pensées qui ont inspiré les demoiselles de Kersabiec, Dugnigny, de Casteja, de Reggio et tant d'autres dames distinguées, quand elles ont offert de partager la captivité de MADAME, privations du reste bien légères, puisque le cœur en faisait le sacrifice, et que la gloire les attendait. Et vous nobles Fitz-James, Montmorency-Doudeauville, Châteaubriand ! fidèles à votre roi légitime, comme le furent vos aïeux, vous n'avez prétendu, en vous offrant comme ôtages pour racheter la liberté de MADAME, qu'à l'honneur de soulager une noble infortune.

Tous les biens de l'univers sont au-dessous de cet honneur. Quel or peut-il valoir ce tendre embrassement que, dans la prison du Temple, Louis XVI, sur le conseil de M. de Malesherbes, accorda avec toute l'affection de son âme royale aux défenseurs de sa noble cause, pour les payer de leurs généreux efforts ; cette récompense leur fut plus chère que tous les trésors du monde. Les leçons de l'histoire sont donc vaines pour nous?.........

Ah ! quelle sécurité, quel bonheur attendre dans un pays où le gouvernement, uniquement occupé de garder le pouvoir, ne présente qu'une succession étonnante de contradictions, de fautes et de poursuites imprudentes contre ses ennemis ; semblable à l'assemblée législative qui se flétrit en protégeant les assassins et les brigands

d'Avignon, et en les dérobant à la vengeance des tribunaux, il a laissé commettre dans la Vendée, pour les
récompenser même par de méprisables honneurs, tous
les crimes qu'il a cherché à excuser au nom de la révolution. Le crime est donc la conséquence inévitable de
la déviation des règles de la justice.

Dieu juste ! Dieu puissant ! c'est vous qui confondez
les esprits les plus profonds par les étonnans résultats de
votre providence : si la France révolutionnaire, oubliant
son origine, veut soutenir l'autorité légitime du Sultan
et du souverain Pontife, elle soutient en Portugal et en
Belgique une cause et des principes contraires, en portant dans toute l'Europe les fruits amers des révolutions,
par ces mêmes Polonais qu'elle a rejetés, après avoir
protesté de ses stériles sympathies. Par une anomalie qui
se conçoit dans sa position politique, elle voudrait tout
à la fois abattre chez elle les principes révolutionnaires
et en entretenir le foyer chez les nations étrangères,
dans le but de jouir du pouvoir et du repos.

Les hommes de cette révolution, rompant les liens qui
les ont unis dans le crime, et dans l'attentat contre leur
légitime souverain, se désunissent aujourd'hui, se trahis-
sent et, du haut de la tribune, après des votes d'impôts
excessifs et oppresseurs, descendent des paroles mena-
çantes à des outrages inconnus dans les fastes parlemen-
taires, qui amènent des rencontres sans résultat. (1)

Quand ces mêmes hommes ont déchaîné partout l'hydre
révolutionnaire, ils voudraient imposer à la licence le
frein de la religion qui peut seul l'arrêter. On a vu s'élever à Alger, cette glorieuse conquête de la Restauration,
un temple chrétien, après l'affligeant spectacle de la
démolition des églises dans les cités du royaume très-
chrétien, et du mépris du Dieu vivant dont l'image a
été voilée dans les temples de la justice : mais les mauvais
exemples portent toujours leurs fruits : des prêtres inter-
dits et le conseil municipal dépouillé viennent d'affliger

----

(1) Affaire du maréchal Soult avec M. de Bricqueville.

l'évêque de Luçon par une renonciation insensée au culte et à la religion de leurs pères.

On parlait de désarmer et on voulait fortifier Paris, comme si le sort de la France dépendait de quelques ouvrages. Les remparts de Rome et de la France furent leurs victoires et leur gloire. Ignorez-vous ces paroles si justes de Mentor à Idoménée (1) : « Le rempart le plus sûr d'un état est la justice, la modération et la bonne foi. »

Vous nous parlez toujours de liberté et c'est pour nous imposer la plus dure servitude !

Faut-il voir l'indépendance compromise dans toutes les professions comme dans l'exercice des droits des individus ?

Le conseil de discipline du barreau de Charleville, oubliant sa propre dignité, méconnaissant le noble caractère de l'avocat qui ne doit compte de ses opinions qu'à Dieu et à sa conscience, a refusé d'admettre au tableau M. de Flavigny de Dancourt, à cause de ses opinions politiques. Cet exemple funeste ne sera pas imité ; s'il l'était, la société serait en proie à tous les fléaux, privée qu'elle serait d'entendre le langage de la raison et de la vérité. J'ai recueilli, dans l'excellent journal de Toulouse (*Gazette du Languedoc*), des paroles pleines de dignité sorties de la bouche d'un avocat célèbre par ses talens, qui manifesta avec une juste sévérité son étonnement et celui de ses collègues, « Que les voûtes du palais ne re- » tentissent pas, suivant l'usage, de l'éloge de M. Cavalié » que la mort avait enlevé, dans l'année, au barreau qu'il » honorait par ses talens et sa délicatesse, après avoir » honoré la magistrature. » Et cependant Me Romiguières ne pensait pas comme M. Cavalié.

Peut-on garder le silence, quand on voit des députés se disputer à la tribune la récompense des services rendus par les pensionnaires de l'ancienne liste civile, qui languissaient dans la misère, tandis que la Restauration, toujours généreuse, paya les services rendus à Napoléon.

---

(1) Télémaque, livre V.

Un député, un homme qui porte un nom honorable (M. Portalis), a proposé la loi du divorce; d'autres l'abolition du souvenir du 21 janvier et l'éloignement du curé de l'enseignement populaire; mais le divorce est contraire à nos mœurs plus impérieuses que les lois; l'enseignement, sans le concours des ministres de la religion, est une œuvre dangereuse qu'aucune chambre n'adoptera, puisque le maintien des écoles chrétiennes est dans les vœux de tous les français sans distinction. Pour le deuil du 21 janvier, il restera à jamais comme un monument éternel d'horreur pour le meurtre du meilleur des rois.

On ne détruit pas les grands principes de morale, d'ordre et de sécurité : aussi avons-nous gémi d'entendre reprocher à M. Berryer, dans la chambre des députés, la défense que son noble talent a constamment embrassée pour la cause royaliste poursuivie à outrance, tandis que la terreur n'en priva pas de malheureux accusés : des journaux ont été attaqués avec une rigueur inouie, pour avoir reproduit des articles de feuilles étrangères, quand la Restauration leur donna toute liberté de propager les débats du parlement anglais et les discours les plus violens des Cortès contre Louis XVIII.

La politique peut bien influer sur les lois, mais ces lois doivent toujours être d'accord avec la nature des choses, et la morale publique : Philippe II promettant 25 mille écus et la noblesse, au meurtrier du prince d'Orange proscrit, heurta toutes les idées d'honneur, et enhardit le crime envers le souverain même qui l'inspirait (MONTESQUIEU, *Esprit des Lois*, tom. 3, p. 370.)

Le gouvernement de juillet se lavera-t-il jamais d'avoir dit à Deutz, comme le duc de Glocester à Tyrrel (*Les enfans d'Edouard*, CASIMIR DELAVIGNE :)

« Quand j'achète ton bras, c'est pour qu'il m'appartienne. »

Il est vrai que Deutz n'hésita pas à se couvrir d'or pour l'infamie que partagea son acheteur.

M. Morinière, médecin aux Herbiers (Vendée), suivant d'honorables exemples, a préféré les cachots de Bourbon, au crime de dénoncer les blessés qu'il avait secourus. L'histoire a flétri ceux qui condamnèrent Auguste de Thou, pour n'avoir pas révélé au cardinal de Richelieu, le secret d'une conspiration que lui avait confié Henri d'Effiat, marquis de Cinq Mars, son meilleur ami. Cette barbarie était trop immorale pour retenir l'indignation publique contre Richelieu. Un secret, quel qu'il soit, déposé dans des lettres, dans le sein de l'amitié comme dans celui d'un confesseur, ne peut être livré, sans violer toutes les lois humaines et divines ; nul ne peut être écouté quand il trahit sa foi.... (*Procès de M. le comte Desèze contre Marliani.*)

N'est-ce pas outrager la vertu, que d'oser faire un crime aux demoiselles Duguigny d'avoir donné un noble asile à Madame la duchesse de Berri? Quelle chaumière d'Ecosse refusa-t-elle jamais le dernier Stuart, fuyant sa patrie ou la famille de nos rois forcée de quitter la sienne?

Après la défaite de Culloden (en 1756), Charles-Édouard trouva des retraites pour se cacher, et le gouvernement anglais ne trouva pas de *Deutz*, pour gagner l'horrible prime de 750,000 francs.

Si, comme l'a si éloquemment exprimé Me Hennequin (*Procès des* D^{lles} *Duguigny*), la mère du duc de Bordeaux, en redemandant, comme Charles II, la couronne de son fils aux hasards des combats, n'a pu être coupable que de crimes à la Charles VII et à la Henri IV, ses amis fidèles n'ont pu subir la moindre condamnation : à cet égard, les vœux les plus chers de la bonne et héroïque princesse ont été accomplis ; les juris français ont prouvé au monde, par des acquittemens, qu'ils comprenaient leur mission d'honneur et de loyauté : ils ont considéré les demoiselles Duguigny comme ces sœurs de charité pansant avec une pieuse affection les blessés de tous les partis. Contre le but de l'accusation, l'éloquence du barreau a rendu sublimes ces *receleuses* d'aussi glorieuses infortunes. Voilà ces grandes vertus qui se développent et se montrent au travers des calamités des guerres civiles.

M. de Châteaubriand a été aussi jugé, et en relisant lui-même au jury la partie de son ouvrage incriminé qui parlait avec tant de charme des vertus de Madame, des pleurs d'attendrissement ont coulé de tous les yeux , et le ministère public fut lui-même ému : ces causes sont si belles, elles portent avec elles tant d'intérêt , qu'il faudrait changer les cœurs pour ne pas les pénétrer d'enthousiasme et d'ivresse. Un gouvernement sans gloire attaquant la gloire et le génie, doit succomber dans son attaque. Lorsque Napoléon accusa Moreau , on vit du moins la gloire lutter contre la gloire , spectacle imposant pour des français, mais tout l'intérêt se porta sur Moreau , parce qu'à sa gloire se joignit le malheur d'être accusé. Napoléon consulta mieux les soins de sa gloire et de sa puissance, quand il employa la douceur pour ramener les contrées de l'Ouest. Aujourd'hui , quel roi oserait parcourir ces lieux , témoins de tant de vexations , d'incendies et de massacres sur des hommes sans défense , avoués par le général d'Erlon lui-même et mis au jour par les courageux Dreux - Brézé et Fitz-James. Des cœurs tristes et justement irrités pourraient-ils demeurer silencieux devant les auteurs de leurs maux ? Les violences peuvent alarmer, mais non pas soumettre les cœurs. Napoléon, malgré sa renommée, ne put imposer son frère aux Espagnols , dont les affections pour leur roi légitime créèrent la résistance la plus glorieuse que puisse opposer un peuple fidèle à sa foi, qui oublia ses dissentimens politiques pour terrasser un ennemi commun.

La liberté est la première condition des contrats humains : elle n'existait pas pour l'infortuné Charles X. , lorsqu'au milieu de la fureur populaire , il renonçait au trône de France; sa renonciation et celle de son auguste fils ne seraient d'aucun effet, s'ils n'avaient approuvé les entreprises héroïques de Madame la duchesse de Berri, alors surtout que la condition de ces renonciations a manqué jusqu'à ce jour sur la tête du jeune prince , objet de tant d'espérances et de regrets.

C'est à la faveur de ces violences physiques et morales , dont M. Hennequin a tracé la marche et les degrés , pour anéantir le testament de Mgr. le duc de Bourbon , œuvre de ténèbres et d'obsessions qui a fini par l'assassinat, qu'on a pu arracher à Madame la duchesse de Berri, captive, séparée de ses parens, de ses amis et de ses conseils, des déclarations contraires à la vérité, par la possibilité que les auteurs de ses souffrances lui ont montrée de sinistres résolutions prises contre elle ou les siens, si leurs vœux n'étaient pas exaucés.

La seule pensée d'exercer d'inutiles rigueurs répugne à tout homme honnête, et la voix de la pitié succède le plus souvent à tout sentiment d'inimitié ou de haine. Les français ont tous réprouvé les rigoureux traitemens exercés par Hudson-Lowe, envers le géant du génie enchaîné sur le rocher de Sainte-Hélène, parce que les devoirs du gardien pouvaient se concilier avec plus d'humanité : leur intérêt s'est porté sur cet homme extraordinaire qui ne put obtenir, après sa chute, de s'asseoir au foyer du peuple britannique, et sur d'illustres compagnons qui ont partagé avec constance sa mauvaise fortune. Après sa mort, cet intérêt touchant a environné le duc de Reichstadt qui est encore, lui, l'un de ces exemples éclatans du sort, qui a fait évanouir ces espérances de gloire et de puissance qui avaient brillé sur son berceau : espérances trompées mais adoucies à la cour de son aïeul, par tout ce que la bonté et l'affection pouvaient imaginer de plus tendre et de plus délicat. Sa mort, à l'âge de la force et avec la connaissance de ce qu'il était, a laissé des souvenirs et de tristes enseignemens sur les grandeurs humaines qu'a fait ressortir avec tant de charmes et de vérité l'excellent et fidèle M. de Montbel, du sein de l'exil qui l'honore.

En nommant Napoléon, je me rappelle les paroles qu'il prononça, quand il aperçut, pour la dernière fois, la France de la pleine mer qui le portait au lieu de son exil : « O France, terre des braves ! dit-il, quelques » traitres de moins, et tu serais encore la plus grande » nation de l'univers. » Hélas ! nous pouvons assurer aussi que la révolution de 1830 ne nous eût point affligés, si des hommes, qui devaient tout à la monarchie légitime, ingrats, n'eussent point manqué à leurs sermens ; nous n'aurions pas ressenti la misère, le deuil, les émeutes, les coups-d'état, le poids des budgets, des fonds secrets, de la liste civile, l'absence de gloire, aliment nécessaire de la France; le sang des citoyens n'aurait pas rougi le cloître Saint-Méry et les pavés de la capitale et des provinces; le parti républicain et le faible parti bonapartiste n'auraient pas formé des vœux pour lesquels des hommes distingués par leurs talens et leur franche probité, languissent dans les prisons ou dans les cachots de Saint-Michel : les deux partis, tranquilles sous les Bourbons, ne se seraient pas agités, n'auraient pas combattu pour le renversement du trône légitime; le premier, parce qu'il aurait reconnu l'erreur de ses désirs, avec les justes craintes de voir la république, si elle pouvait s'élever en France, s'établir de nouveau sur des ruines, des spoliations et des échafauds; le parti bonapartiste n'oublierait pas, s'il existe encore, que Napoléon et son fils ont emporté dans la tombe avec eux la gloire qui pouvait seule le rallier à ce nom illustre; nous n'aurions pas vu les domaines et les châteaux de nos rois livrés à des acquéreurs nationaux, sans égard à des souvenirs qui font la gloire de nos rois et de la France. Napoléon comprenait mieux la majesté des souvenirs, quand arrêtant ses troupes à l'aspect des Pyramides d'Égypte, il leur dit : « Songez que du haut de ces mo-» numens quarante siècles vous contemplent. »

Sous l'heureux empire de notre roi légitime, le duc de Bourbon n'eût pas été victime d'un lâche assassinat, et du moins des legs, destinés par ce prince à un établissement en faveur des descendans des soldats de Condé et de la Vendée, n'eussent point été déviés de leur noble destination par suite du procès scandaleux élevé entre les légataires de la succession de Condé. Ne devait-on pas respecter les pieuses volontés, comme on a toujours respecté l'hôtel des Invalides, l'une des gloires de Louis XIV ? La calomnie enfin n'eût point cherché le sein de la vertu pour s'y frayer un passage.

Au milieu de ces faits et de ces circonstances pénibles, il ne peut être permis aux Français d'oublier le bonheur et la prospérité dont ils ont joui sous leurs rois, ni la gloire acquise à Navarin et à Alger par nos armes, qui ont fait justice de pirates et de forbans, violateurs de toutes les lois ; ni celle surtout, plus grande encore, où un fils de France, guidé par le plus rare désintéressement, à la tête d'une armée fidèle, rendit à la liberté le roi d'Espagne, son parent, que des sujets rebelles avaient chargé de chaînes, quand naguère pour lui, ils avaient glorieusement lutté contre le vainqueur de l'Europe.

Lorsque le calme a succédé aux agitations de la tempête, excitée par quelques vils ambitieux, irrités de leur obscurité, tous les cœurs ont gémi sur les suites d'une révolution fatale, qui a renversé une monarchie qui avait l'appui de quatorze siècles, des bienfaits et de la gloire, qui n'a été opérée que par 219 députés et quelques pairs liés par serment à la Restauration, sur 32 millions de Français dont les vœux ont été méconnus, et qui provoque dans toutes les cours étrangères le mépris et l'horreur, les défiances, les haines et des mesures de garantie contre les menées démagogiques, avec de vifs désirs, comprimés encore, d'une guerre générale, dernier remède des peuples et des rois. L'histoire a déjà flétri cette révolution, comme celle qui plaça violemment sur le trône d'Angleterre le gendre de son roi.

Mais, j'éprouve maintenant une de ces consolations bien chères, dans l'heureuse pensée favorisée par les progrès de l'opinion, que le terme de nos maux est prochain. Au théâtre, Henri V est applaudi sous les traits d'Édouard V, et l'œuvre de Casimir Delavigne excite le plus puissant intérêt. En Belgique, aussi, la cause de Nassau émeut et porte les cœurs vers sa restauration. Il me semble certain qu'il arrivera bientôt le jour où l'héritier légitime de la couronne de Saint-Louis, assis sur le trône avec la justice et la vérité, doué de toutes les vertus qui font les bons rois et comprenant son siècle, rapportera, dans un pays deshérité d'honneur, la prospérité et la gloire ; les cris de la joie publique attestant la réunion des partis, célèbreront son retour comme ils accueillirent Henri IV après la Ligue et Louis XIV après

la fronde. Sa noble mère, ô que le ciel la préserve de
nouveaux malheurs ! soutiendra notre Henri des conseils
puisés dans les souffrances et dans les plus glorieux souvenirs qui aient jamais excité l'admiration des peuples.
Par lui et ses augustes descendans, la paix régnera dans
le monde ; les nations désarmeront ; et la confiance,
bannie, rentrera dans leur sein ; les factions seront en-
chaînées, et l'amour de la patrie sera pur de cette dévorante ambition, cause de tant de maux ; le nom français
reprendra son influence acquise par la bonne foi et une
gloire si ancienne ; les trésors de l'opulence s'accroîtront
par le commerce ; et la colonie d'Alger si française, et
que l'infamie seule pourrait faire abandonner, favorisera
cette prospérité remplacée aujourd'hui par la misère et
les alarmes.

Sous les ailes de la religion et de la justice, fleurira la
vraie liberté qu'on a tant compromise, et qui seule inspire
les grandes actions ; le talent et le génie libres de chaînes
et des calculs de parti, comme d'un vil intérêt, s'élève-
ront à la hauteur du siècle de Louis XIV, et la scène
française s'enrichira de productions nouvelles dignes des
temps où a régné la vraie liberté, Dieu ! exaucez les
vœux d'un homme ennemi du parjure, de l'injustice et
des divisions de la patrie. Ah ! si la vertu et le malheur
sont dignes de votre faveur, si nous sommes assez punis,
fixez sur nos princes votre appui consolateur durant une
longue suite d'années, en versant sur leur règne un bonheur sans mélange.

> » Arbitre des humains, divine providence,
> » Achève ton ouvrage et soutiens l'innocence :
> » A nos malheurs passés, mesure tes bienfaits.

(Narbas dans MÉROPE.)

DULÇAT, Avocat à Perpignan.